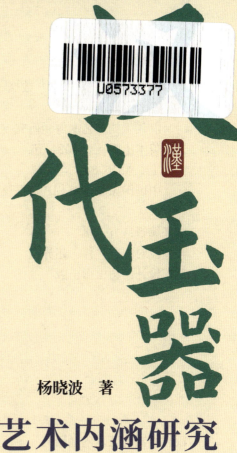

汉代玉器

杨晓波 著

的艺术内涵研究

云南美术出版社

图书在版编目（CIP）数据

汉代玉器的艺术内涵研究 / 杨晓波著 . -- 昆明 ：
云南美术出版社，2024. 6. -- ISBN 978-7-5489-5704-1

Ⅰ . K876.84

中国国家版本馆 CIP 数据核字第 2024U6F423 号

责任编辑：方　帆
责任校对：金　伟　赵异宝
装帧设计：树上微出版

汉代玉器的艺术内涵研究
杨晓波 著

出版发行：云南美术出版社（昆明市环城西路609号）
印　　刷：武汉市卓源印务有限公司
开　　本：880mm×1230mm　　1/32
印　　张：9
字　　数：160千
版　　次：2024年6月第1版
印　　次：2024年6月第1次印刷
书　　号：ISBN 978-7-5489-5704-1
定　　价：88.00元

摘要

汉代国力强盛,经济繁荣,为文化艺术的蓬勃发展奠定基础。汉代继承了秦朝的丰富遗产,同时又不拘一格,广泛吸纳各地文化艺术精华。这种文化的交流与融合,催生出了辉煌灿烂的汉文明,对后世中华传统文化传承与发展,产生了深远的影响。在这一时代背景下,玉文化也逐渐成为汉代社会文化生活中不可或缺的一部分,从而推动了汉代玉器制造业的繁荣发展。这一时期在精湛的雕刻技艺、丰富的玉料资源及社会文化的共同作用下,使汉代玉器形成了独特的艺术风格及内涵。

本书在深入研究前人成果的基础上,运用考古成果和历史文献资料,分析了汉代政治、文化等因素对玉器艺术的深刻影响,同时采用艺术考古的研究方法,借鉴陶器、漆器、汉画像石诸多研究成果,进一步从美学的角度对汉代玉器艺术造诣及文化内涵进行了探讨。

在汉代玉器的发展方面,不仅体

现在功能的多样化和种类的丰富上，更在于其数量的激增和使用的普及。以玉璧为例，这种原先主要在礼制活动中使用的玉器，在汉代不仅继续承担着"礼玉"的重要作用，更成为王公贵族殿堂建筑的精美装饰品。此外，汉代装饰用玉、日常生活用玉及丧葬用玉等各类玉器都得到了极大的发展。佩戴玉饰、使用玉器已经成为当时社会的一种时尚潮流，贵族们更是对玉杯、玉枕等玉器情有独钟，死后还要用玉握、玉晗等玉器陪葬。玉器的等级化现象在汉代也仅在丧葬用玉的使用上表现得较为突出，而玉器在先秦时期所包含的人格化象征意义则随着其世俗化的使用而逐渐淡化。究其原因，主要得益于汉初频繁战争所带来的社会巨变，对玉器品种及其组合的深刻调整；其次是汉代中期社会经济文化的繁荣发展密不可分。在这一时期，随着社会经济的进步和人民生活水平的提高，人们对玉器的需求日益增长，使得玉器的种类和数量得以大幅增加。与此同时，玉器用途的多样化也使其不再

像三代以及春秋战国时期那样严格化和专门化。汉代玉文化在一定程度上已经从上层贵族文化向世俗文化转变，成为更加贴近人民生活的文化现象。此外，汉代的政治特征和文化特点也为玉文化的发展提供了重要的支撑和推动力量。汉承秦制、汉继楚风、独尊儒术的政治文化特征使得玉器艺术文化在汉代的礼制中得到了延续和发展；而汉代歌舞之风以及道家升仙思想的盛行等文化风俗则进一步推动了玉文化在汉代生活习俗中的广泛传播和风格的转变。

汉代玉器在造型设计方面独具匠心，巧妙地运用了几何、人物和动物等形状、形体元素，通过抽象写意的笔触，将深远意境与物我交融的精神风貌精妙地勾勒出来。这些设计不仅体现了形式上的和谐美、平衡美、韵律美，更在纹饰和造型上展现了独特的艺术创造力。

在工艺手法上，汉代玉器堪称精湛绝伦。线刻、浮雕、镂雕、透雕、圆雕碾琢等技法被巧妙地结合运用，使玉器呈现出多样而丰富的视觉效果。其中，

"汉八刀"和"游丝毛雕"两种技法尤为突出，代表了汉代琢玉技术的精湛与高超。

在艺术风格上，汉代玉器注重整体效果的把控，将高度概括与细节修饰完美融合，展现出一种独特的艺术风貌。这种风格不仅体现了汉代工匠的精湛技艺，更凸显了汉代文化的深厚底蕴和独特魅力。

此外，汉代玉器在艺术内涵上深刻体现了天人合一的文化思想，实现了实用与艺术的完美统一。玉器中的象与意、抽象与具象相互融合，形成了一种独特的艺术语言。通过飞扬的线条、流畅的雕工技法以及古朴的造型，汉代玉器展现出气势浩大、豪放雄健、浪漫飘逸的艺术内涵，为观者带来强烈的艺术感染力和视觉冲击力。

关键词：汉代，玉器，艺术考古，玉文化

目录

第一章

绪　论

中国自古以来就被誉为"玉器之国"，这一美誉源于中华民族对玉的深厚情感与崇敬，以及玉在中国历史文化中的独特地位。考古资料证实，中国使用玉器的历史极为悠久，早在新石器时代就已有了玉器的制作与使用。随着时间的推移，玉文化逐渐发展壮大，成为中华文明不可或缺的一部分。汉代玉文化在继承先秦玉文化的基础上，又有所创新与发展，不仅涉及礼仪、丧葬等制度，更深入到人们的日常生活中，成为当时社会文化的重要组成部分。汉代玉器种类繁多，制作技艺精湛，其独特的艺术风格与审美价值至今仍为世人所称道。近年来，中国玉文化研究取得了一系列重大突破性进展，研究者们不再局限于对玉器形式、年代、功能和考古类型学的传统考察，而是将玉文化置于更广阔的文明史和社会物质文化研究背景中进行深入探讨。这种跨学科的研究方法不仅拓宽了视野，也为我们更全面地理解汉代玉文化提供了新的思路。因此，本书以汉代玉器作为研究对象，通过历史文献及艺术考古深入剖析两汉时期玉文化的发展，旨在更清晰地展现汉代玉文化在社会生活中的地位及其艺术风格的演变，从而揭示其丰富内涵与独特价值，为传承和弘扬中华优秀传统文化贡献自己的力量。

第一节　研究意义与研究对象

一、历史学意义

公元前 202 年楚汉战争随着刘邦的胜利、建立西汉政权落下了帷幕，到公元 220 年汉献帝禅让、曹魏建立，汉代经历了四百余年的发展历程。俯瞰两汉长途跋涉的历史足迹，我们往往得出这样的结论：在这样一个民族大一统的背景下，经济发展取得了长足的进步，文化也获得了繁荣，其成就的取得足以让后世以传奇和震撼来总结汉代的发展历程。对汉代历史的认识不仅源于传统的文献记载，考古学的长足进步给我们今天重新审视汉代的社会文化风气带来了新的契机。目前已发掘的汉代墓葬数以万计，出土文物可谓琳琅满目，不可胜数。玉器作为汉代出土文物的大宗，从举世闻名的玉衣、常见的玉璧、精美的玉佩饰到形制规整、意蕴深远的辟邪用玉，在众多汉代文物中显得出类拔萃，卓尔不群，在整个玉文化发展史上也是独具特色。

遥远的汉代历史虽然一去不复返，但是它却留下了关于玉文化观念的文献记载和大量造型古朴的玉器。"文化是一切人工产物的总和，包括一切由人类发明并由人类传递后代的器物的全部，及生活的习惯。"[①] 根据美国社会学家福尔森的定义，古人对玉的认识、雕琢工艺以及用玉的习俗观念诸方面形成了中国古代独具一格的玉文化。作为玉文化的物质载体，玉器本身所反映的器物艺术形式以及人们的用玉习惯都从侧面反映了我国民族的文化精神，折射出中华民族在不同时期的物质生活和精神生活的特质。杨伯达先生认为："中国玉文化在世界上是首屈一指的，它同时又是中西文化间最古老的分水岭。"[②] 因此，研究我国古代不同时期的玉文化，对探索我国古代民族文化的物质、精神形成变化有着十分重要的意义。中国玉文化是我国民族文化的一个分支，它是我国古代的劳动人民在长期的社会实践中所创造的以玉器为主要内容的物质财富和精神财富的总和，玉文化经过几千年不断地发展、演变，

---

① 　陈华文.文化学概论[M].上海：上海文艺出版社，2001：7.

② 　杨伯达.中国玉文化玉学论丛[M].北京：紫禁城出版社，2002：16.

始终绵绵不绝，两汉时期则是其中的关键时期。研究汉代玉文化对于探索汉代的物质财富、汉人的民族性格、汉人的心理趋向以及价值观念的变化等都有着重要意义。

二、艺术研究价值

"在工具中，石制工具是人类最早使用和创造的主要工具"，"人类最初的审美意识是在创制改进和使用工具的过程中滋长起来的，因此，在一定意义上讲，工具可以说是审美意识的母体"，"随着玉与石在使用上区分的长期延续，和人们整个认识的发展，人们才在玉的功用的认识之中，逐渐地滋长起对它的审美感受来。一旦玉制品的科学认识的功能，为某些更有效的工具、手段所代替时，人们对玉的体验和认识便完全笼罩在祀神的迷雾中，直到这种虚幻的观念消失，人们才能单纯地从美与丑的角度对它加以认识。玉制品也就成为单纯的装饰工艺品了。"[①] 同样，李学勤先生也有一致的观点，"文物大多数是珍贵的美术品，于科学研究之外还应当从美术的视角去考察和欣赏。文物是物质的，但又是精神的创造，通过这些美术品，我们得以与古人有心灵的

① 于民.春秋前审美观念的发展[M].北京：中华书局出版社，1984.

沟通。"[1]外延是内涵的体现与表露，汉代数量众多的玉器蕴涵了时代的思想意识，这一点毋庸置疑。因此，研究玉器中所蕴含的"美"在艺术、考古和历史研究领域都具有重要的学术价值。

传统汉代玉器的研究主要在于审视汉代政治体制和政治观念，关于汉代整个社会生活观念的认识相对不足。事实上，汉代社会极其富有生活情趣，与先秦墓葬出土文物相比，汉代更加生活化、世俗化和情感化，透过各种各样出土文物姿态各异的造型和雕饰，我们分明看到了汉代真实的社会生活。从社会生活细节的角度研究，似乎更能得出关于汉代历史的准确结论。汉代玉器作为历史时期的物质遗存，是汉代科学文化、艺术的折射，更是汉代人精神的体现，具有科学、历史、艺术价值。"中国的玉器反映了人类历史一种独特的审美意识以及与之相应的道德文化的生成、确立、发展和延续。"[2]透过玉器工艺特色的表象，我们可以发现汉代关于生活美的概念和独特的审美观。

---

[1]　李学勤.中国文物鉴赏辞典·序[A].高大伦.中国文物鉴赏辞典[C].
　　桂林：漓江出版社，1991：11.

[2]　孙先英.从饭玉看周代的丧葬文化[J].中南民族大学学报（人文
　　社会科学版），2005(2)：143.

三、研究目的

综上所述，汉代玉器作为汉代玉文化的物质基础，其种类繁多、造型各异、工艺精湛，体现了汉代人民的智慧和创造力。而其独特的艺术风格不仅是对先秦玉雕的继承与发展，更在立体纹样、组套用玉等方面展示出新颖的审美追求，反映了汉代社会的精神风貌。最后，汉代玉器的艺术内涵则深藏于其造型与纹饰之中，涵盖了人们对玉的认知、雕琢技艺、用玉习俗及相关的道德文化，是汉代社会价值观念与文化的具体表现。这三者——汉代玉器、艺术风格及艺术内涵——相互依存、共同构成了汉代玉文化的核心。

因此，本书旨在通过对考古资料及历史文献进行归纳分析，从功用和造型各异的汉代玉器入手，通过具体分析玉器的使用观念、造型、纹饰、雕工等方面，得出汉代玉器在艺术风格上的具体特征；并在研究的基础上，深入探讨汉代玉器的艺术内涵，以达到揭示玉器所反映的汉代社会精神风貌的目的，以期促进汉代玉文化的研究。

第二节 研究现状

"好古之士，往往详于金石而略于玉，为其无文字可考耶？"①这句话揭示了研究玉器的一大挑战：与其他古器物相比，玉器上的铭文极为罕见，这无疑增加了研究的难度。然而，尽管面临这样的困难，我们仍可以从古代文献中找到关于汉代玉器的丰富信息。

在古代文献中，关于汉代玉器的记载多涉及玉器的命名、用途等传统解释。例如，东汉许慎的《说文解字》就对古代玉石有详细的记载，并对古代玉器进行了区分和名称诠释。这部著作不仅为我们提供了对古代玉石的深入认识，还为研究汉代玉器提供了重要的参考依据。此外，《史记》《汉书》《后汉书》等史书也为我们提供了大量关于汉代玉器的信息。这些史书中记载了皇室贵族在祭祀活动中使用的玉器品类、蕴意以及用玉仪礼。这些信息不仅有助于我们了解汉代玉器的社会功能和文化内涵，还为我们揭示了汉代玉器在宗教和礼仪中的重要地位。同时，《仪礼·士丧礼》和《续汉书·礼仪志下》等文献则为我们提供了关于汉代玉器在丧葬习俗中的使用情况。这些文献记录了玉殓葬中覆盖于亡者身体的九

---

① [清].吴大澄.古玉图考·说玉[M].上海：科技教育出版社，1993：616.

窍玉的名称和用玉制度，以及西汉时期金缕、银缕或铜缕玉衣不同等级的使用制度。这些信息不仅有助于我们了解汉代玉器的丧葬功能，还为我们揭示了汉代社会的等级制度和丧葬习俗。此外，《史记·高祖本纪》等文献还记载了汉代皇室贵族喜用玉杯为酒器的情况。这些记载不仅为我们提供了关于汉代玉器在日常生活中的使用情况，还为我们揭示了汉代社会的饮酒文化和审美风尚。宋代吕大临等学者编撰的《考古图》卷八，收录了十四件珍贵的古玉，并附以详细文字说明，这部作品被誉为中国玉器研究的开创之作；元代朱德润所著的《古玉图》则是我国首部专注于记录古玉的图录，为后世研究提供了宝贵的图像资料；元末明初的曹昭在他的著作《新增格古要论》卷六中的《珍宝论》部分，首次对玉器鉴定进行了系统性的论述；而清代学者吴大澂的《古玉图考》则是一部极具学术价值的研究著作，他深受乾嘉学派考据传统的影响，将文献记载与古代玉器实物相结合详考了各类古玉的名物制度，指出蝉形玉晗、刚卯、鸠杖首等玉器的用途及功能，其显著的研究成果对后来的研究者产生了深远的影响。

现代学者在玉器研究方面取得了丰硕的成果。章鸿钊的《石雅》一书，详细阐述了我国玉器的命名原则、产地等问题，并结合文献资料进行了深入的说明。而郭宝钧的《古玉新诠》则是近代考古学兴起后的第一部运用发掘出土玉器并参考古文献进行论述的重要著作，他对石器时代至两汉的古玉进行了详尽的诠释。尤仁德的《古代玉器通论》、姚士奇的《中国玉文化》、臧振和潘守永的《中国古玉文化》、张明华的《中国古玉——发现与研究 100 年》以及《古代玉器》等著作中，都对汉代玉器进行了详细的介绍。姚士奇的《玉宝和中国文化》则深入探讨了中国玉宝文化的内涵及其在中国文化整体中的地位，同时还概述了当前我国玉宝生产的现状。卢兆荫的《古玉史话》将中国新石器时代至明清时期的玉文化分为萌芽、发展、繁荣、成熟、新旧交替和发展的新时期等几个阶段，进行了全面而有重点的介绍。同时，他还论述了玉器与中国古代宗教信仰、礼仪制度、伦理道德等方面的密切关系。在《中国玉器全集》中，卢兆荫的"秦汉—南北朝玉器述要"一章对汉代的礼仪玉器、丧葬玉器进行了具体的介绍。古方的《天地之灵——中国古玉漫谈》和《冰清玉洁——中国古代玉文化》则对中国古代玉文化的概况进行了简单介绍。费孝通主编的《玉魂国魄——中国古代玉器与传统文化学术讨论会文集》，杨伯达主编的《古玉史论》《中国玉文化玉学论丛》《中国玉文化玉学论丛（续编）》《中国玉文化玉学论丛（三编）》，邓聪主编的《东亚玉器》，以及杨建芳主编的《中国古玉研究论文集》等几套关于玉器及玉文化的论文集，收录了大量关于玉文化玉学的专论，其中很多论文都涉及了汉代玉器及玉文化。余继明的《汉代玉器：中国古玉器图鉴》一书中则收录了大量汉代玉器的精美图片。那志良的《中国古玉图释》对中国古玉的形制、用途等进行了深入的研究。而傅熹年的《古玉精英》和《古玉掇英》这两本著作则主要通过配合图片的方式，对各时代玉器类型、玉雕装饰题材、玉器雕琢技法进行了详细的介绍。

这些著作和论文不仅为我们提供了丰富的知识，也为我们进一步研究和欣赏玉器及玉文化提供了宝贵的参考。

在国外出版的关于中国玉器的专著中，有几部特别值得一提。首先是 Jessica Rawson 的 *Chinese Jade from the Neolithic to the Qing*。这部著作详尽地介绍了从新石器时代到清代的中国玉器，特别是原始社会到汉代的玉器。作者通过深入研究每件玉器的器形、纹饰及其功能，为我们呈现了大量篇幅的细致描述和分析。另一部重要著作是 Watt, James C.Y. 的 *Chinese Jade from Han to Qing*。该书特别关注汉代至清代的玉器，作者在其中指出汉代玉器的一个显著特点是对图案和造型的简约应用。同时，他还从历史角度出发，对玉器的制作工艺和数量进行了概括性地概述。此外，A.Forsyth，B.McElney 合著的 *Jade from China* 也是一部颇具价值的参考书。该书在论述汉代玉器时，特别强调了儒家思想和宗教对玉器造型和线条简约化的影响。日本学者林已奈夫的《中国古玉研究》则为我们提供了从新石器时代到清朝的中国玉器的全面介绍。他对典型玉器的器形和纹饰提出了自己独特的见解，为日本学者深入了解中国玉器提供了宝贵的参考资料。这些国外出版的专著不仅丰富了我们对中国玉器的认识，也为我们提供了多元的视角和研究方法。通过比较和借鉴，我们可以更深入地理解中国玉器的历史、文化和艺术价值。

这些专著都无一例外地涉及汉代玉器及汉代玉文化，然而大部分论著的研究主要关注的是玉器的形制和用途，而对于隐藏在玉器背后的社会文化环境则涉及较少。此外，这些专著大多介绍的是中国历代的玉器，其中很多著作的着重点仅限于夏、商、周三代及之前的玉器，而对于汉代玉器及玉文化的阐述则不够详尽。

除这些专著以外，国内学术界还有大量的论文发表。杨伯达在《中国古代玉器发展历程》（上、下）一文中详细介绍了中国历代玉器发展的概况。夏鼐在《汉代的玉器——汉代玉器中传统的延续和变化》一文中着重探讨了中国古玉的质料和原料产地，提倡对各地出土的玉器多进行科学鉴定，从矿物学上判别它们的结构和所含元素，以便与地质矿产资料进行比较分析。他还强调应该运用谨慎的考古学方法正确判定玉器的类别、名称和用途，为研究汉代玉器提供了正确的方法论指导。夏鼐的《商代玉器的分类、定名和用途》对商代各种玉器的定名、分类和用途提出了独到的见解，为后人研究玉器奠定了坚实基础。卢兆荫的《论玉文化在汉代的延续和发展》则系统介绍了汉代的礼玉、祭玉、瑞玉、葬玉，并对玉文化在汉代的延续和发展提出了自己的见解。此外，他的《玉德·玉符·汉玉风格》一文对汉代玉德学说、玉德与玉符的关系以及体现汉玉风格的玉器也进行了深入探讨。姚士奇的《汉代社会政治文化结构在玉器上的体现》则阐述了汉代社会政治文化的特征，并通过出土的汉代玉器来反映这种特征对汉代玉器制作的深远影响。杨美莉的《汉代玉器研究札记》（一至四）则对汉代文物展览中的玉器进行了详尽的研究和分析。这些论文都从整体上对汉代玉器进行了深入论述，极大地推动了相关领域的研究进展。

还有一些文章详细论述了汉玉的文化内涵。卢兆荫的《论儒家与中国玉文化》深入探讨了儒家思想与玉德学说的紧密关系。水汀、赵文斌和周汉民合著的《浅谈中国玉文化与儒家思想》主要阐述了玉文化不仅是中华民族的独特表现形式，同时也是儒家学术思想的重要载体。王晋凤的《浅谈中国玉文化及内涵》详细介绍了中国古代玉器在政治、经济、文化、思想道德以及宗教信仰方面的独特作用。王京传和刘以慧的《从<说文解字·玉部>看汉代对玉的认识》通过对《说文解字》"玉部"的深入分析，揭示了汉代人对玉的释义和分类已经有了相对科学的认识，并通过"玉部"反映出汉代"玉符"思想的强化。刘素琴的《儒释道与玉文化》通过比较儒、释、道三者与玉文化的关系，深入剖析了儒、释、道的思想特点，并大致勾勒出了中国玉文化发展的框架和脉络。薛世平的《玉文化起源与延续探悉》追溯了玉文化的起源和延伸历程，探讨了玉文化传播历久不衰、延绵不绝的深层次原因。尤仁德的《汉代玉器的吉祥文化》（上、下）主要通过阐述汉代玉器所体现的辟邪作用，来展现汉代玉器独特的吉祥文化内涵。河北满城汉墓以及广东南越王墓等汉代墓葬的考古发掘，使得汉代的丧葬玉及丧葬用玉制度成了玉学界的研究热点。卢兆荫在《试论两汉的玉衣》和《再论两汉玉衣》两篇文章中，对汉代的玉衣进行了专门而深入的研究。郑绍宗的《汉代玉匣葬服的使用及其演变》则对玉匣葬服的命名、玉衣的起源、形制、等级以及衰落等方面进行了详尽的探讨。龚良、孟强、耿建军合著的《徐州地区的汉代玉衣及相关问题》以徐州地区出土的汉代玉衣为研究对象，深入分析了汉代前期、中期、后期玉衣的发展状况。罗波的《汉代玉衣与升仙思想初探》则阐述了汉代玉衣与升仙思想的渊源关系，为我们理解汉代丧葬文化提供了新的视角。林兰英的《试析周代的葬玉对汉代玉衣的影响》则通过分析两周时期的丧葬习俗，就葬玉对汉代玉衣的影响提出了自己独特的见解。石荣传的《从两汉诸侯王墓出土玉器看汉玉艺术风格》以两汉诸侯王墓出土的玉器为基础,一方面运用考古类型学的方法对其典型玉器进行型式分析,从造型上概括各类典型玉器的特点和艺术风格;另一方面则从纹饰演变和技法上对代表汉玉艺术风格的三种典型纹饰进行了深入分析。最后,他结合以上两方面对汉玉艺术风格进行了分期探讨和总体概括,为我们全面理解汉代玉器艺术风格提供了重要的参考。袁胜文的《汉代诸侯王墓用玉制度研究》结合采用考古学方法,分析大量的诸侯王墓丧葬用玉,系统全面地论述了汉代列侯的墓葬用玉制度。

汉玉所表现出的美学以及宗教思想意识也有学者写过相关文章。卢兆荫的《略论汉代礼仪用玉的继承与发展》对汉代礼仪用玉的渊源及其演变进行了系统的描述,为我们理解汉代玉文化提供了重要的文化背景。张容幼在《汉代古玉纹饰的演变及其影响》一文中阐述了汉代古玉纹饰以动物纹和几何纹为主体的特点,指出其逐渐摆脱了概念化的古风,形成了独特的美学风格,并探讨了这种特点对后世玉雕艺术的影响。尤仁德在《战国汉代玉雕螭纹的造型与纹饰研究》一文中对汉代玉器的纹饰和造型进行了详细的描述和分析,揭示了汉代玉器的独特艺术魅力。古方和龚继遂的《君子无故玉不去身——商周至汉代的玉佩饰》深入探讨了商周到汉代玉佩饰的演变过程及其对当时社会制度、服饰文化和宗教信仰等方面的重要意义。该文不仅丰富了我们对汉代玉佩饰的认识，也为我们理解古代社会文化和宗教思想提供了有益的视角。古方的《曹魏王粲所创玉佩样式及佩法》则详细介绍了东汉末年王粲复作玉佩的历史背景及其样式和佩戴方法。这套玉佩在魏晋乃至隋唐时期广为流传，成为古代玉佩文化中的重要组成部分。通过对这套玉佩的研究，我们可以更好地了解古代玉佩的演变过程和文化内涵。尤仁德的《汉代玉佩刚卯严卯考论》详细介绍了汉代的玉刚卯和严卯这两种特殊的玉佩，并对玉佩上的铭文进行了考论。这篇文章不仅为我们提供了关于汉代玉佩的珍贵资料，也为我们理解汉代社会文化和宗教信仰提供了新的视角。任义玲的《汉代画像石中的玉璧及其蕴含的象征意义》通过分析汉代画像石中大量出现的玉璧图像，探讨了玉璧在汉代社会中的特殊地位和多重象征意义。她指出，作为"六瑞"之首的玉璧在汉代已经富含了财富、社会等级、礼天与通天用于升仙等多重象征意义，成为汉代社会文化中的重要符号。这篇文章为我们深入理解汉代玉璧文化和宗教思想提供了有益的启示。

　　以上所列举的关于汉代玉器的专著和论文，只是其中的一部分代表性作品。实际上，有关汉代玉器的研究成果非常丰富，涵盖了多个方面和角度。有些研究可能与玉文化的直接关系不那么紧密，但它们对于全面深入地理解汉代玉器以及与之相关的社会、文化、宗教等方面的问题仍然具有重要的参考价值。因此，在本书的研究过程中，将广泛采纳和参考这些研究成果，以期能够更全面地揭示汉代玉文化及玉器表达的艺术内涵。同时，对于那些与本书研究关系不甚紧密的内容，将进行适当的筛选和取舍，以确保研究的针对性和深入性。

第三节　研究路径及方法

通过对现有考古及文献资料的细致梳理与分析，我们发现前人在汉代玉器研究领域所发表的成果存在两类主要特点。一方面，部分研究从宏观视角出发，对汉代玉器的文化特色及其使用情况进行了概括性描述。然而，这些研究在深入分析方面显得不足，且缺乏充分的文献证据来支持其观点。此外，它们对汉代玉器特点与汉代玉文化关系的探讨缺乏系统性，特别是在论述汉代玉器与当时社会文化背景之间的联系方面更显薄弱。另一方面，有些研究则聚焦于汉代玉器的某一具体特点、某一种或某一类器形进行深入研究。尽管这些研究为我们提供了有关汉代玉器的丰富细节，但它们往往未能全面介绍整个汉代玉器及其所蕴含的艺术内涵。这些研究成果共同构建了汉代玉器的基本框架和主要特征，为后续研究提供了重要基础。但该领域仍有许多有待深入探索的方面。对于一些关键问题的看法，学界也存在不同观点，需要进一步商榷和探讨。这为未来的研究留下了广阔的空间。本书旨在深入探究形成汉代玉器独特风格的政治、社会和文化等深层次原因，并揭示汉代玉器文化与其艺术风格的内在联系。历史文献中关于汉代玉器的记载十分丰富，这些文献详细记录了汉代玉器的发展历程、兴衰变迁及其独特之处。同时，汉代玉器艺术也反映了汉代玉文化与当时人们的审美思想的紧密关系，这一点同样值得深入研究。通过结合汉代玉器的艺术风格，深入挖掘这些历史文献资源，我们有望更全面地理解汉代玉器的文化内涵和艺术价值。

鉴于此，本书试图在以下几个方面做些努力。

一、研究汉代玉文化特点

首先，从文献学的角度出发，结合考古资料力求对汉代玉文化有一个更为准确和全面地把握。通过查阅大量相关的历史文献资料，本书系统地梳理了汉代玉器的产生、使用与变迁的历史背景，试图还原汉代玉器在社会生活中的真实面貌。在梳理文献资料的过程中，本书还着重从文献的角度去归纳和总结汉代玉器发展、变化的原因，以期对汉代玉文化有一个更为深入的理解。

二、分析汉代政治、文化的特点对汉代玉器的影响

其次，进一步总结了汉代政治及文化的特点，并深入分析了汉代政治上的大一统、文化上的大融合对玉器产生的深远影响。通过研究发现，汉承秦制使得汉朝继承了秦朝以玉祀神的传统礼制和以玉示礼的宫廷习俗；而汉继楚风、道家神仙及乐舞等社会文化则让汉人对玉的崇拜达到了近乎痴迷的程度，穿玉衣、服玉食就是最好的证明。此外，独尊儒术也推动了装饰用玉在汉代的广泛流行。

三、对汉代玉器艺术风格的及文化内涵进行探讨

最后，进一步梳理汉代玉器的工艺制造及艺术风格的演变，并通过以上的研究分析，认为汉代玉器所反映的气势浩大、豪放雄健、古拙质朴、浪漫飘逸的艺术感染力，表达了汉代人天人合一的文化思想、实用和艺术的统一，以及象与意、抽象与具象融为一体的审美。

在研究过程中，虽然查阅了大量的考古资料及文献资料，但由于实物考察的机会有限，因此书中难免存在许多不妥之处。在此，恳请各位专家、学者予以匡正，您的宝贵意见将对我未来的研究产生积极的影响。对于您的帮助和支持，我在此表示衷心的感谢！

第二章

汉代玉器的发展状况

第一节 汉代及之前玉器发展概况

一、汉代之前玉器发展概况

汉代玉器形成独特风格与前代玉器的发展有着密不可分的联系。其风格的塑造主要经历了新石器时代、夏商周、春秋战国等三个重要时期。

距今四五千年前的新石器时代中晚期，中国玉文化已经初露端倪。在辽河流域、长江南北以及黄河上下游地区，都可以看到玉文化的繁荣。特别是北方辽河流域的红山文化、南方太湖流域的良渚文化以及黄河上游的齐家文化，这些文化遗址出土的玉器尤为引人瞩目。这一时期的玉器以体积大、造型深沉严谨为特点，对称与均衡的设计原则得到充分体现。其中,浅浮雕的装饰手法和线刻技艺都达到了相当高的水平,后世难以企及。从良渚、红山等地出土的古玉来看,它们大多来自大中型墓葬,这表明新石器时代的玉器在当时社会中有着特殊地位和功能。除了用于祭天祀地、陪葬殓尸等宗教和礼仪活动外,这些玉器还是权力、财富和贵贱的象征。值得一提的是,葬玉习俗在这一时期已经开始出现,到了汉代更是广为流行。

夏代,被视为中国历史上第一个阶级社会。此时的玉器风格呈现出一种过渡形态,它融合了良渚文化、龙山文化以及红山文化的元素,并为殷商玉器的发展奠定了基础。这一时期的玉器造型大多源于新石器时代晚期,而在刻纹上则初现商代玉器双线勾勒的雏形。

商代文明不仅因其庄重的青铜器而著称,其丰富的玉器也同样引人瞩目。商代早期的玉器发现相对较少,且制作较为粗糙。随着青铜工具的广泛普及,青铜等金属材料被引入到琢玉工艺中,使得开料、钻孔、抛光、雕琢等技术达到了前所未有的高度。商代晚期的玉器在造型和工艺上都取得了巨大的进步,特别是祭祀用玉的种类更加丰富,人身和器物用玉的范围也大大扩展。安阳殷墟妇好墓出土的玉器就是这一时期的典型代表。这些玉器按用途可分为礼器、仪仗、工具、生活用具、装饰品和杂器等六大类,显示了玉器在商代社会生活中的广泛应用。此外，仪仗用玉和社会生活领域用玉的开发也对后世产生了深远的影响。

进入西周早期，玉器在造型、品种和风格上与商代玉器非常相似。这主要是由于周王朝对殷商实行了怀柔政策，使得大量的商代宗教和文化得以保留和传承。到了西周中后期，随着分封制和典章制的确立，西周的用玉等级制度也逐渐形成。从天子到王侯卿士，他们在不同场合所佩戴的玉器在形制、尺寸和材料上都有严格的规定，任何人都不得僭越。这种等级制度对汉代玉器产生了深远的影响，例如西汉时期的玉匣使用和东汉时期的佩玉制度都受到了西周用玉等级制度的影响。

春秋战国时期，礼崩乐坏，百家争鸣。在这一时期的社会动荡中，玉器却迎来了进一步的发展繁荣，并涌现出新的用玉理念。尽管"礼崩乐坏"对王权和传统礼制造成了巨大冲击，但人们对玉的崇拜并未因此减弱。随着周室君权的式微，各诸侯国纷纷僭越礼制，以往仅为周王室所用的玉礼器，现在也开始在诸侯间广泛流传。与此同时，百家争鸣的局面使得社会上出现了儒、道、法、墨等众多学派，孔子、庄子、韩非子、墨子等圣贤纷纷提出了各自的政治主张。在这期间，对玉文化影响最大的就是孔子提出的"贵玉贱珉"思想。这一思想使玉器逐渐摆脱了原始宗教的束缚，开始被赋予人格化的象征意义，为玉器走向生活化和世俗化奠定了坚实基础。在儒家思想的影响下，到了汉初，装饰玉已经在全国范围内大量流行。

秦的先祖远离中原，僻居于西垂之地，与关东各国相隔绝，因此发展出了独特且地域性强的文化特色。在春秋时期，主要流行的"秦式玉器"以其独特的造型、精美的纹饰以及精湛的雕刻工艺而脱颖而出。然而，到了战国时期，这种玉器风格逐渐衰弱。尽管如此，秦统一六国后，实现了文字、车轨、度、量、衡的统一，这不仅为我国封建帝国的建立奠定了基石，同时也带来了玉文化艺术的融合条件。但秦代存续时间短暂，这时期的玉器主要出土于关中、关东以及两湖和巴蜀地区的秦墓，以及西安北郊的联志村和庐家口村两处秦代祭祀坑出土，且出土数量并不多，其艺术风格也与战国晚期的秦国玉器相比变化并不显著。因此，可以说汉代玉器主要是继承了新石器时代、夏商周以及春秋战国时期玉器的影响。在这些历史时期的积淀与传承下，结合汉代特有的社会环境和文化背景，汉代玉器形成了独特的风格，并在中国玉器发展史上奠定了重要地位。

二、汉代玉器发展概况以及分期分类

1.汉代玉器发展概况

汉代是中国封建帝国的首个黄金时期，历经 426 年（公元前 206 年～公元 220 年）。在这一时期，社会稳定与国力强盛为玉器手工业的繁荣与发达奠定了坚实的基础。汉代玉器在继承战国时代传统的基础上，进一步发展创新，形成了独特的风格。这一时期玉器的种类与数量相较前代有显著增多，从王公贵族到官宦人家，甚至包括绅士富商等各个社会阶层，用玉的品种都极为丰富，数量众多，加工工艺精湛。

从功能上看，汉代玉器的多样化特点尤为突出。大体可以分为仪礼、丧葬、装饰和实用成为主要的玉器品类。这一时期，礼仪用玉器的地位逐渐削弱，除了璧、圭等少数形式得以保留外，玉琮等礼器基本消失，玉璜仅作为装饰玉器使用；装饰用玉经历了调整，佩饰组成的种类趋于简化，大量的观赏陈设玉器的出现及压胜等玉器的流行，成为汉代特有的现象，反映出当时盛行的辟邪祈福意识。从汉墓中出土的大量玉器，如玉印、铺首、玉剑具、刚卯、辟邪、翁仲、玉舞人、韘形佩、鸡心佩等新型器物，不仅反映了汉代社会、风俗和思想的变化；还拓展出了新的日常用玉，文献中记载的许多生活用品的玉器，如玉杯、玉盘、玉簪等，都已在考古发掘中被大量地发现；此外，汉代玉器还有一个特点在于葬玉的兴起，这一风尚推动了丧葬用玉的制度化发展。据历史文献及考古资料揭示，葬玉习俗在西汉中期极为盛行，社会各阶层人士，上至皇帝、诸侯王、宗室成员，下至地方官吏和富商巨贾，生前都钟爱珍贵玉器，死后更将大量玉器陪葬于墓中。即使是普通民众的墓葬中，也常见一两件玉制品或者使用琉璃、滑石等材料的低成本替代品。只有极少数偏远地区的汉墓中未见玉器随葬，这些都反映出汉代以玉随葬习俗的普及和盛行。

从数量及分布上看，汉代玉器无论在数量还是地域上都大大超越了以往，从东部的乐浪到西部的乌孙，从北部的大漠到南部的南海，使用的广泛性、生产的规模及数量前所未有。

从工艺美术上看，汉代玉器在选料、雕琢工艺以及纹饰方面取得了重大突破。与前代相比，汉代玉器的选料更为讲究，王侯墓中的玉器基本都是以优质的和田玉为主要原料。同时，雕琢工艺也达到了新的高度，透雕、镂雕等技法广泛应用，使玉器造型更加生动逼真。在纹饰上，汉代玉器形成了独特的风格，如云纹、蟠螭纹等富有装饰性的纹饰大量出现，为后世所传承和发展。在造型上汉代玉器器型演变由繁至简：西汉前期器型多样，纹饰丰富有节奏，如玉璧、玉带钩等；中期渐趋简化，圆雕人物及动物以流畅曲线表现，如玉马、玉猪；末期更趋简化稳定，大型装饰陈设玉器增多，如镶嵌玉座屏。东汉进一步简化。此演变与技法多样、纹饰丰富相呼应，重点转向立体化造型和纹饰表现。

总之，汉代玉器在政治、经济、文化等多方面的影响下蓬勃发展，取得了卓越的成就。其独特的风格、精湛的工艺以及丰富的文化内涵都使"汉玉"成为代表这一时代辉煌的特定名词。汉代玉器不仅在当时社会生活中占据重要地位，而且对后世产生了深远的影响。

2.汉代玉器的考古断代与分期

在先秦时期，玉器主要作为礼器，没有铭文纪年的风俗传统，玉器中除印章、刚卯外很少有铭文，更不用说有纪年。因此，为了确定玉器的年代，考古研究人员主要依赖于与玉器一同出土的墓葬的时代。这种方法首先利用有明确纪年的墓葬作为时间标尺，然后以此为基准，推测其他墓葬及其随葬玉器的相对年代。但是，考虑到玉器本身的珍贵性，研究时还需注意识别那些可能属于更早年代的玉器，被随葬到晚期墓葬里的情况。

汉代延续时间长达四百余年，其玉器经历了从继承到发展再到衰退的过程，这一过程中玉器的种类、组合及器型等均有显著变化。在断代研究中，玉器的种类、造型和纹饰等特征变化，为识别不同时间段的玉器提供了依据。

在具体的考古学分期方面，西汉的可分为早期、中期和晚期三个阶段，或者简化为前后两期。具体到西汉时期的玉器，不同学者有不同的年代划分标准，通常以高祖至景帝时期被划为早期；以武帝至宣帝或昭帝为中期；而晚期通常从宣帝开始至新莽结束。对于东汉时期，由于墓葬多被盗掘，出土的玉器较少，使得这一时期的玉器分类不如西汉那样清晰，有时仅被视为一个单独的时期，有时又被划分为早中晚三期。

考虑到东汉时期墓葬的特点和出土文物的情况，以及玉器分类主要依据墓葬年代的实际，西汉的早中期界限可以依据考古学上的发现来确定。例如，公元前118年（武帝元狩五年）作为早中期的分界点，这一点从出土玉器的风格变化中得到支持。如公元前122年（武帝元狩元年）出土的南越王赵眜墓中的玉器，仍然保留有大量战国时期的风格；而从元狩五年之后，如公元前113年（元鼎四年）中山靖王刘胜及其妻窦绾的墓中出土的玉器，则明显展现出汉代的风格。因此，对于西汉玉器的中晚期划分，也应以墓葬的年代为基准，以宣帝到元帝的在位期间作为一个适当的区分范围。

因此，根据目前出土的玉器实物资料，汉代玉器可以分为西汉早期、西汉中期、西汉晚期（包括王莽时期）和东汉四个时期。

3. 汉代玉器的分类

中国古代，玉器的制作与使用受到祭祀、审美观念、礼仪习惯及工艺水平的显著影响，导致不同历史时期的玉器在种类和制作重点上存在差异。夏鼐先生的分类法将汉代玉器划分为三大类：礼仪用玉、葬玉以及装饰品。装饰品进一步区分为个人佩戴装饰和"玉制的实用品，但加有纹饰，或系附属于金属实用物的玉制装饰品。"[1] 但这种分类中，将具有纹饰的实用玉器归类为装饰品似乎不够准确，特别是在 20 世纪 80 年代之前，由于尚未发现如南越王墓、狮子山楚王墓这样的大量玉制容器，分类可能受到了资料限制的影响。尽管玉制实用品在非使用状态下可能因其珍贵和美观而具有装饰效果，其本质仍为实用品，纹饰只是附加的装饰元素，并不改变其功能性。

卢兆荫先生对秦汉玉器的分类更为细致，分为礼仪用、丧葬用、装饰用、日常用以及辟邪用玉器五类。然而，"日常用玉"的概念相对宽泛，特别是当考虑到汉代人几乎时刻佩剑，如《晋书·舆服志》记载"汉制自天子至于百官，无不佩剑，其后唯朝带剑"可见玉具剑多起到礼节性的装饰作用，并不适宜归类为日常用品。另外，辟邪用玉虽然数量不多，但也被视为一种可佩戴的装饰品。刘云辉先生则将陕西出土的汉代玉器分为礼器、装饰、实用、陈设和葬玉五类[2]，其中陈设玉器实质上也属于装饰玉器范畴，主要用于特定的室内环境装饰，同样兼具装饰作用。因此汉玉器可以被归纳为四大类：礼仪用玉、装饰用玉、生活用玉和殓葬用玉。如

---

[1]　夏鼐.汉代的玉器——汉代玉器中传统的延续和变化[J].考古学报，1983（2）：125—145.

[2]　刘云辉.陕西出土汉代玉器[M].北京：文物出版社，2009：23—33.

（表2-1）这种分类既体现了玉器的功能性，也考虑到了其在不同社会文化背景下的审美和象征意义，更贴近玉器在古代社会中的实际使用和价值。

表2-1　汉代玉器类型分类表

主要玉器类型		主要器型
礼器玉器		玉圭、玉璧、玉璜
		玉玺、玉牒、玉车马器
		玉兵器（玉戈、玉钺、玉矛头、玉刀、玉剑）
装饰玉器	建筑装饰用玉	始于武帝时期，玉铺首、玉璧
	剑饰用玉	玉剑具（剑首、剑格、剑璏、剑珌）
	陈设用玉	圆雕动物（玉马、玉猪、玉羽人、玉熊、玉龙、玉鹰、玉羊、玉卧牛、玉神兽）玉璧、玉叶、玉珩等
	配饰用玉	组玉佩、玉笄、玉佩、玉簪、玉耳饰（玉玦、玉耳珰）、玉手镯、玉环、玉璧、玉璜、玉觿、韘形佩、牌形玉饰、玉舞人、玉串饰、刚卯及辟邪玉器（玉辟邪、司南佩、玉严卯、玉翁仲、玉獬豸）

续表

主要玉器类型		主要器型
生活玉器		玉印、玉洗、玉砚滴、玉灯、玉带钩、玉带头、玉襟钩、玉枕、玉纺轮、玉容器（玉卮、玉杯、玉耳杯、玉樽、玉盒、玉角形杯等）
葬丧玉器	九窍玉	眼罩、鼻塞、耳塞、肛塞、隐塞、口唅
	殓尸玉	玉璧（专门为殓葬而制作的常用于铺于亡者胸前背后）
	玉匣	金缕玉匣、银缕玉匣、铜缕玉匣
	玉握	玉猪、玉鱼
	其他	玉枕、玉冥钱、镶玉漆棺

　　实际上，古代玉器的种类并不总是能够清晰划分，因为同一件玉器在不同的环境和场合下可能表现出多种不同的使用功能。尽管如此，在某一特定时期或特定场合中，玉器的主要使用功能通常是可以确定的。

　　以玉璧为例，它是古代中国的一种典型玉器，根据历史文献和汉画像石的记录，玉璧的用途多样。在一些场合，玉璧用于礼仪仪式，象征天地和谐或社会秩序；而在其他情况下，它们被串连起来挂在室内墙壁上，作为一种装饰品增添空间美感。此外，较小的玉璧可能既用作佩饰中的一部分，也可以作为一种随身的装饰物单独挂饰。在丧葬习俗中，玉璧的用途也十分明显，经常被放置在死者的胸部或背部，或者安置在棺椁之间，甚至镶嵌在棺木上，既作为一种致敬亡者的仪式，也增添了墓葬的装饰性。因此，玉璧在古代社会中兼具了礼仪、装饰和丧葬三重功能，尽管它们在不同的文化和历史背景下可能承担不同的主要功能，但通常只是作为随葬品在墓葬的考古发掘中被发现。

殓葬玉器是特指为殓尸特制的玉器，其主要目的是用于随葬，不仅仅是一般意义上的随葬品。这类玉器专门设计用于与逝者同葬，以期达到保护身体、象征永恒或表达对逝者的尊敬和怀念。然而，并非所有随葬的玉器都属于殓葬玉器；许多实用性的玉器，如玉璧等，虽然也常见于墓葬中，但它们可能仅作为财富和珍宝的象征而被埋葬，并非专为殓葬目的而制。例如，历史上著名的"和氏璧"在不同时期具有不同的社会和文化价值：在战国时期，它是一件价值连城的宝物；到了汉武帝时期，它被用作装饰品，显示出其审美和装饰价值；而到了汉宣帝时期，它则被用于祭祀，成了一种祭祀对象，展现出其在不同时期的多重功能和象征意义。

此外，即使是造型相似的玉器，其功能和用途也可能大不相同，这取决于玉器的具体使用环境和社会文化背景。例如，出土自湖南长沙咸家湖曹馔墓的云驼纹玉带扣，其实用性质明显，因此它属于实用玉器；而出土自扬州"姜莫书"墓的嵌龙凤纹玉鎏金铜带扣，虽然造型精美，但仅具装饰功能，因此应归类为装饰玉器。

第二节　汉代用玉变化

汉代玉器在继承前代的基础上，种类更加丰富，功能也更加多样化。除了传统的礼器、佩饰外，还出现了大量的生活用品、陈设品和葬玉等。这些新的玉器种类和功能的出现，反映了汉代社会生活的多样化和复杂化。

一、仪礼用玉品发展概述

在传统礼仪性的活动中使用的玉器，被敬称为"礼玉"，显现了中国玉石文化的一个重要方面，主要应用于祭祀和官方的礼仪场合。在远古的西周时期，这些玉器象征着高贵的身份和地位，一般人是不被允许佩戴或使用的。尽管在春秋战国时期社会动乱，周朝的礼仪体系一度解体，但到了汉朝，仍部分保留了周朝的玉礼制度，如利用玉表达对上天的尊敬、通过玉器来进行礼仪展示或执行宗教祭祀活动。然而，汉朝时期，这类礼玉制度开始逐步衰微，使用于礼仪的玉器种类也趋于简化。在儒家文化的影响下，这些传统的礼玉在宗教和朝拜仪式中的重要性降低，更多地被视为身份和地位的象征，对后代产生了持久的效应。与先秦时期的情况相比较，汉代的礼用玉器发生了变化，尽管玉璧仍旧是重要的礼器，但玉圭和玉琮从西汉中期起逐渐淡出，而玉琥和玉璜则转向成为装饰性物品，玉璋和玉琮也停止了生产和使用。

1. 玉璧

玉璧在春秋战国时期是一种重要的礼器，而到了汉代以后，它的功用得到了扩大。作为礼仪玉器的代表器物，玉璧在周代就是"六器"和"六瑞"中的一种重要礼器。据《周礼·春官宗伯第三》记载："以玉作六器，以礼天地四方。以苍璧礼天，以黄琮礼地，以青圭礼东方，以赤璋礼南方，以白琥礼西方，以玄璜礼北方。"又载："以玉作六瑞，以等邦国。王执镇圭，公执桓圭，侯执信圭，伯执躬圭，子执谷璧，男执蒲璧。"[1] 这些记载表明，在先秦时期，玉璧主要被用作祭祀天地的礼仪玉器。《左传·昭公十七年》记载："昭公十七年，宋卫陈郑将同日火，若我用瓘斝玉瓒郑必不火。"[2] 从上述文献可以看出玉璧在我国先秦时期主要是作为祭祀用的礼

---

① [清]阮元校刻.十三经注疏[M].北京：中华书局，1980：762.

② 杨伯峻.春秋左传注[M].北京：中华书局，1990：1391.

仪玉器。当时玉璧也是一种珍贵的礼品。据《左传·僖公二年》记载："晋苟息请以屈产之乘与垂棘之璧，假道于虞以伐虢。"[1] 这表明在当时，玉璧被视为一种极具价值的交换物，甚至可以用来作为政治交易的筹码。

到了汉代，玉璧作为礼仪玉器在汉代皇室贵族的礼仪活动中仍然应用广泛。《史记》中有记载："于是天子已用事万里沙，则还自临决河，沈白马玉璧于河，令群臣从官自将军已下皆负薪窴决河。"[2] 这段记载描述了汉代皇帝在进行重要的祭祀活动时，将玉璧沉入河中以示敬意，显示出玉璧在汉代礼仪中的重要地位。此外，《史记》还记载："公卿言'皇帝始郊见泰一云阳，有司奉瑄玉，嘉牲荐飨。'集解孟康曰：'璧大六寸谓之瑄'。[3] 索隐音宣，璧大六寸也。"这些记载表明，在祭祀上天时，汉代继承了先秦的传统，继续使用大尺寸的玉璧，即所谓的"瑄玉"，作为重要的祭器。汉武帝时期迎接申公"于是天子使束帛加璧安车驷马迎申公，弟子二人乘轺传从"[4]。据《汉书》记载："王侯、宗室朝觐、聘享，

① 杨伯峻.春秋左传注[M].北京：中华书局，1990：281.

② ［汉］司马迁.史记·卷二十九·河渠书[M].北京：中华书局，1959.

③ ［汉］司马迁.史记·卷十二·孝武本纪[M].北京：中华书局，1959.

④ ［汉］史记·卷一百二十一·儒林列传[M].北京：中华书局，1959.

必以皮币荐璧，然后得行。"① 这说明在汉代的朝觐和聘享等重要场合，玉璧是必不可少的礼品。此外，《汉官仪》中也有关于玉璧的记载："元日朝贺，三公拜璧殿上，献兽觥。"② 这进一步证实了玉璧在汉代礼仪中的重要地位。同时，玉璧更是延续了春秋时期的礼品用途，被广泛应用于王公贵族间的赏赐和敬献。不仅在朝廷内部，玉璧在对外交往中也扮演了重要角色。例如，公元前 179 年，汉文帝继位后派陆贾出使南越国，成功说服南越王赵佗去帝号、对汉称臣，并接受了赵佗所献的包括一双白璧在内的丰厚贡品。"今陛下幸哀怜，复故号，通使汉如故，老夫死骨不腐，改号不敢为帝矣！谨北面因使者献白璧一双，翠鸟千，犀角十，紫贝五百，桂蠹一器，生翠四十双，孔雀二双。"③

汉代玉璧发展到汉武帝时期，不仅是礼仪中的重要器物，还成为王公贵族殿堂建筑的一种奢华装饰品。据《后汉书》记载："雕玉填以居楹，裁金璧以饰珰，发五

---

① ［汉］班固撰，［唐］颜师古注.汉书·卷二十四下·食货志[M].北京：中华书局，1962.

② ［清］孙星衍校辑.汉官仪[M].周天游点校.汉官六种[M].北京：中华书局，1990：183.

③ 《汉书》卷九十五《西南夷两粤朝鲜传》。

色之渥采，光焰朗以景彰。"[①] 这描述了汉代宫殿中玉璧
作为装饰的辉煌景象。《三辅黄图》中对建章宫的描述
也提到了玉璧的装饰："建章宫南有玉堂，璧门三层，
台高三十丈，玉堂内殿十二门，阶陛皆玉为之。铸铜凤
高五尺，饰黄金栖屋上，下有转枢，向风若翔，橡首薄
以璧玉，因曰璧门。"[②] 这里的"璧门"即是以玉璧为装
饰的门，彰显出皇家的尊贵与奢华。汉成帝时期，赵皇
后所居住的昭阳殿同样以玉璧为装饰。据《三辅黄图》
记载："成帝赵皇后居昭阳殿，号飞燕，以其体轻也，
有女弟，俱为婕妤，贵倾后宫。昭阳舍兰房椒璧，其中
庭彤朱，而庭上髹漆，切皆铜沓切门限也，黄金涂，白
玉阶，壁带往往为黄金钮，函兰田璧，明珠翠羽饰之，
自后宫未尝有焉。"这里的"椒璧"和"壁带"都是指
以玉璧为主要装饰元素的建筑风格。陈直对"壁带"的
解释进一步明确了其构造："壁带，谓墙壁中贯以横木，
其形如带，在墙边露出之木，冒以涂金之缸，缸中再嵌
以璧玉，交错杂列，形似列钱也。"[③] 这些记载不仅展现

①　[南宋] 范晔撰，[唐] 李贤等注.后汉书·卷四十·班彪列传[M].
　　北京：中华书局，1965.

②　陈直校正.三辅黄图校正·卷二[M].西安：陕西人民出版社，
　　1980：44.

③　阙名氏，张宗祥.三辅黄图校正·卷二[M].上海：古典文学出版
　　社，1958：58—59.

了汉代皇宫建筑的奢华与精致，也反映了当时对玉璧的崇尚和广泛应用。玉璧作为一种独特的装饰元素，为汉代宫殿增添了无尽的魅力与尊贵气息。

这种玉璧通常以悬挂方式来装饰建筑，因此又称为"悬璧"，由于这些悬挂在建筑上的玉璧因厚葬被随葬于墓中，使悬玉已完全丧失了原有的位置，但东汉大量的图像资料还是使我们今天能窥其真容。孙机先生指出早在山西夏县西阴村遗址的庙底沟文化彩陶中，一件残破的陶钵已出现"悬璧纹"图案。悬璧或称"璧婴"，见于《礼记·明堂位》中的"周之璧婴"，郑玄注："周又画缯为婴，戴以璧，垂五采羽于其下，树于黛之角上。"悬璧屡见于汉代帛画、画像石中，如山东沂南画像石墓中有多幅类似的图像。[①] 如巫山的东汉墓中常发现圆形鎏金青铜装饰，直径 23 厘米～28 厘米（图 2-1），在横跨双阙间屋顶下，刻着"天门"二字，其下为玉璧，璧垂双绶带，璧是全器图案的中心和重点，以表示其特殊的神性。而山东滕州出土的画像石上，双阙间也出现玉璧图案（图 2-2）。可见东汉不仅将玉璧装饰于屋宇内外，还认为升天之门中玉璧也是不可或缺的。

---

① 　孙机.几种汉代图案纹饰[J].文物，1982（3）：63.

图 2-1　"天门"玉璧装饰，四川巫山东汉墓出土，引自《中国汉画研究》第一卷，第 29 页图

图 2-2　画像石双阙间玉璧装饰图案，山东滕州汉画像石墓出土，引自《山东画像石选集》，第 330 页图

从考古成果上看，西汉时期的出土玉璧不仅数量庞大且用途广泛，如南越王墓的发掘便揭示出高达 56 件玉璧，其中主棺室独占 47 件，显示了墓主对玉璧的特别偏爱。这些玉璧在样式上继承了战国时期的设计，但它们在多个方面展现出了创新和进步。比如，作为礼仪用途的玉璧直径普遍较大，通常在 15 厘米～ 25 厘米之间。玉璧上的纹饰排布有序，颗粒粗而分散，工艺做工精美，形成了包括谷纹璧、螭纹璧、鸟纹蒲璧、龙纹蒲璧以及出廓璧在内的五种基本类型。这种风格虽在战国时期已见雏形，但在汉代得到了进一步的发展与完善。特别是汉代出廓璧，其特征在于表面细腻的装饰，有谷

纹、螭纹璧等，而出廓璧的出廓部分常见在单侧，也两侧出廓璧及三侧出廓璧，其中单侧出廓璧的出廓部分伸展长度可超过玉璧直径。此外，镂空技艺在玉璧制作中得到了广泛应用，常见的镂雕纹样包括勾连纹、螭纹、龙纹以及双螭纹、龙纹和凤纹等。在东汉时期，玉璧的设计呈现出体积加厚的特征，部分玉璧的边缘部分还采用了镂空雕刻的篆书文字进行装饰。这些文字通常寓意吉祥，如"长乐"和"宜子孙"等，体现了人们对长久幸福和后代繁荣的祈愿。

2. 玉圭

玉圭是一种独特的扁平玉石制品，顶端尖锐而底部直截，起源于新石器时代的石制工具，比如石铲和石斧。自商朝起，玉圭开始作为礼器出现，在春秋战国时期达到顶峰。古时候，它被用作朝拜时的礼品、代表身份的标志以及在祭祀和誓约时的关键器具。《周礼》对玉圭的多样形态和功能有着详尽的记载。进入汉代后，玉圭的形态与先前相比略有改变，常见的变化包括底端雕有透空图案，部分采用榫卯技术以便镶嵌于座上。此外，一些玉圭底端设有孔洞，便于通过绳索固定或挂起。这些变化通过考古发现得到了物证佐证。西汉时期，皇室、贵族在祭祀时，经常使用玉璧和玉圭的礼器组合，特别是皇帝在对祖庙和其他神庙进行祭祀时会选用玉圭，如在陕西发现的素面玉圭便是一例。而在祭天等仪式上，则倾向于使用玉璧。同时，在对黄河、汉水等重要水域进行祭祀时，玉璧和玉圭组合也会被采用。这一切展示了它们在西汉社会的政治与宗教中的重要角色。

玉圭除了继续充当礼器以外，在汉代还经常被王公贵族用于陪葬。《后汉书》记载："三公升自阼阶，安梓宫内圭璋诸物，近臣佐如故事。"[1]在东汉时期的大丧期间，也使用玉圭。新皇帝要进行"进赠"的仪式，所赠物即为玉圭。《后汉书》载："太常导皇帝就赠位，司徒跪曰'请进赠'，侍中奉持鸿洞。赠玉唅长尺四寸，荐以紫巾，广袤各三寸，缇里，赤缯周缘；赠币，玄三纁二，各长尺二寸，广充幅。"[2]从考古资料及文献记载来看，进入战国以后，玉圭的应用逐渐趋少，直到明代施行汉礼的复兴，玉圭才重新开始出现。

3. 玉琮和玉璜

玉琮在汉代已经不再继续制作，但在考古发掘中，出土的中山靖王刘胜的金缕玉衣上发现了一件被改造的玉琮。该玉琮的四个角已经被磨圆，并加上一个用玉片做成的盖，被用作男性生殖器的罩盒，为葬玉的九窍塞

---

① ［晋］司马彪撰，［梁］刘昭注补.后汉书·志第六·礼仪[M].北京：中华书局，1965.

② ［晋］司马彪撰，［梁］刘昭注补.后汉书·志第六·礼仪（下）[M].北京：中华书局，1965.

之一。①江苏涟水西汉墓出土的一件玉琮，其上方被加上了一个鎏金的银底座，而银座下的四足则被塑造成展翅雄鹰的形象。②这件玉琮已经不再仅仅是作为礼器使用，而是被巧妙地改造成了一件精美的艺术品。从考古成果看，在汉代玉琮的使用已经衰落，汉代的玉琮保留了其传统的内圆外方形态，其用途却也经历了根本的转变，它们中的一部分被改造成了艺术品，而另一部分则造成了葬玉。

　　玉璜在西汉时期的地位正在从一时之选的礼器缓缓过渡到仅作为装饰物的阶段。《说文解字》中解释"半璧为璜"，这表明玉璜在形状上与玉璧紧密相连，作为"六器"之一，玉璜曾是一种重要的礼仪用器。但随着时光流逝，玉璜的设计遭遇了显著的改变，保持传统半圆形状的只是极少数。西周时期，虽然玉璜依旧被作为礼器广泛应用，但是到了春秋时期"礼崩乐坏"，许多原本神圣的礼器，包括玉璜在内，逐渐丧失了其原有的宗教和礼仪意义，而是变成了日常佩戴的饰物、陈设玉器或陪葬玉器。如 1994～1995 年发掘的江苏徐州狮子山楚王墓甬道出土玉璜 1 件（图 2-3），长 33.2 厘米、

---

①　中国社会科学院考古研究所等.满城汉墓发掘报告（上册）[M].
　　北京：文物出版社，1980：140.

②　南京博物院.江苏涟水三里墩西汉墓[J].考古，1973（2）.

宽 9.2 厘米、厚 0.65 厘米，发现时断成三块，可以拼合，是狮子山楚王墓出土的 97 件玉璜中体量最大的一件。该玉璜的玉料为名贵的和田白玉，质地坚硬，细腻温润；器身磨光，素面，外缘和两侧边皆有减缘形成的牙槽，内缘有连续的透雕纹饰，惜透雕部分已残缺；从剩余纹样造型看，雕琢的可能是龙凤纹，玉璜正中顶部钻有悬挂用的小孔。该器是目前已知体量最大的汉代玉璜，玉质上乘，在当时就应是异常珍贵的玉器。但整个璜给人以尚未完工的感觉，也可能是一件半成品，而如此大的玉璜不可能为佩饰或礼仪用器，应为陈设装饰玉璜。

图 2-3 江苏徐州狮子山楚王墓出土，引自《古彭遗珍》，第 150 页图

3. 玉兵器

玉制兵器的历史可以追溯到新石器时代中期，并在良渚文化期间逐渐转变为礼仪用品。在商周时期，玉兵器尤其流行，成为皇帝、贵族及大臣们的仪式装备，并体现了不同的社会等级和尊卑之分。春秋战国时期之

后，除了一些模仿古代的礼器外，玉兵器变得较为罕见，且基本上没有使用过。汉代出土的玉兵器，如玉戈、玉钺、玉刀和玉矛，主要用于礼仪场合，更多地具有装饰意义而非实际用途。在西汉，玉戈和玉钺尤为常见，多数发现于贵族墓葬之中，象征着墓主的地位与权力。例如，徐州的狮子山楚王墓中曾发现一件玉戈（图2-4），其两侧装饰着勾连云纹，以及雕刻精美的行走螭虎和展翅凤鸟，显示出精湛的艺术工艺。河南商丘的永城僖山梁王墓出土的玉戈和玉钺，均有精细的勾连云纹饰，展现了其作为非实用性装饰品的美学价值。

图2-4　玉戈江苏徐州狮子山楚王墓出土，引自《文物》1998年第8期

4. 玺印

玺印，其源可追溯至战国时期。战国时期的玺印无论官玺、私玺，质地大都是铜质，间有银和玉，印材选用并无定制，而且一般人所用之印章皆可称为"玺"，到了秦代有了严格规定，只有帝王所用以玉质雕刻之大印才可称"玺"。汉代这一制度得到了加强，卫宏曰："秦以前，民皆以金玉为印，龙虎钮，唯其所好。秦以来，天子独以印称玺，又独以玉，髃臣莫敢用。"[①] 臣民用的印章称"印"。汉代也有诸侯王、王太后称为"玺"的，如"皇后之玺"，《汉官六种》："皇后秩比国王，即位威仪，赤绂玉玺也。"[②] 私印中用玉的则屡见不鲜，文献中就有大量记载，如《史记》载："于是天子又刻玉印曰：'天道将军'，使便衣羽衣，夜立白茅上，五利将军亦衣羽衣，立自茅上受印，以示弗臣也。"[③]《后汉书》载："勃海妖贼盖登等称'太上皇帝'，有玉印、瑾、璧、铁券、相署置，皆伏诛。"[④]"韩遂、马超之乱，关西民奔鲁者数万家。时人有地中得玉印者，群下欲尊鲁为汉宁

①　《史记》卷六《秦始皇本纪》。

②　[清] 孙星衍校辑.汉官典职仪式选用一卷[M].周天游点校.汉官六种[M].北京：中华书局，1990：2.

③　《史记》卷十二《孝武本纪》。

④　《后汉书》卷七《孝桓帝纪》。

王。"①"绍又尝得一玉印,于太祖坐中举向其肘,太祖由是笑而恶焉"。②"六月,镇西将军詹瑾上雍州兵于成都县获璧玉印各一。印文似'成信'字,依周成王归禾之义,宣示百官,藏于相国府。"③从大量文献资料可以看出到了汉代,玉印已经是汉代官员权力的象征,基本由朝廷统一发放,既彰显了等级尊卑,亦加强了中央集权之体制。汉代的玉印十分盛行,印钮的形式多样,尤以动物形状为最精致,如龙、螭虎等。

1968年在咸阳市北原韩家湾狼家沟出土的一枚皇后玺(图2-5),是用羊脂白玉制成的,玉质坚硬而致密,质感细腻,纯净无瑕。该玺的钮部是一只高浮雕的匍匐而回首的螭虎,腹下有孔以便穿系。这只螭虎形象生动,体态灵动,四肢强健,双目圆睁,眼球凸出,鼻子高隆,嘴唇方正,张口露齿。玺面上刻有"皇后之玺"四字,字体严谨大方,笔画粗细均匀,深浅一致。这件玉玺在玉质、造型、字体和雕刻技巧方面都体现了高超的工艺,属于罕见的精品。

---

① 《后汉书》卷七十五《刘焉传》。

② 《三国志》卷一《武帝纪》。

③ 《三国志》卷四三《少帝纪》。

图 2-5 "皇后之玺"，陕西咸阳韩家湾狼家沟出土，引自《陕西出土汉代玉器》图版

5. 玉牒

除了前文提到的玉制礼器，玉牒也是用于仪式的玉制品。所谓玉牒，指的是在玉制的板上刻入祭文，用于祭祀活动的一种器物，这种用法在汉代开始出现。文献记载显示，汉代玉牒的使用起始于汉武帝时期，东汉光武帝也曾用玉牒去泰山行封禅礼。虽然尚无实物佐证，但在西安汉长安桂宫的第四号建筑遗址中，发现了属于王莽时期的玉牒（图 2-6），这是迄今为止发现的汉代唯一的玉牒例证。该玉牒是用青石制成，长 13.8 厘米、宽 9.4 厘米、厚 2.7 厘米，上面阴刻着方正的小篆文字，并填以朱砂，总共刻有 29 个字："……万岁壹纪……作民父母清……退佞人奸轨诛……延寿长壮不老累……封亶泰山新室昌……"这段文字表明，这枚玉牒是皇帝王莽为封禅泰山所用的文书，同时也说明王莽预备去封禅于

泰山，祈愿政权稳定。

图 2-6　玉牒　新莽时期，中国社科院考古所藏，引自中国社科院考古所官网

二、装饰用玉的发展

首先，汉代玉器对战国玉器的继承并不是简单地照搬，而是在其基础上进行了创新和发展。秦汉初期，频繁的战争和社会变革对玉器的品种和组合产生了深远的影响。为了适应新的社会环境和审美需求，汉代玉器在继承战国玉器的基础上进行了较大的调整和创新，使得玉器的功能更加多样化。其次，汉代社会经济的发展和

繁荣为玉器的大量制作和使用提供了物质基础。随着生产力的提高和财富的积累，人们开始追求更高层次的精神享受，玉器作为一种重要的文化载体和审美对象，逐渐从上层贵族文化向世俗文化转变。这种转变使得更多的人能够接触和使用玉器，也让玉器的功能更加广泛和多样化。所以，汉代玉器的另一个显著特征是装饰玉器的大量出现。

春秋战国时期，孔子便提出"君子比德于玉""君子无故，玉不去其身"之说。随着儒家成为主流思想，将德性与玉相比拟的观念得到普及，从而显著推动了装饰性玉器的兴盛。因此，在汉代，装饰性玉器变得形态多样和品种繁多，成为最具多样性和丰富性的玉器类别。西汉时期，装饰玉的风格经历了显著变化：早期更倾向于复杂的组合式玉饰，如常见于战国至秦时期的龙纹玉佩和璜类，这些往往作为多件玉器组合饰品的一部分出现。然而，到了西汉中期，这种复杂的组合式趋向于简化，单件小型玉饰变得更为普遍，反映了当时社会的实用主义。而到了东汉时期，各类玉饰的品种明显减少。尽管成套的玉饰被限制，但用于纪念或避讳的单件玉饰如玉舞人、玉翁仲等仍广泛存在，成为流行趋势。这些玉器不仅具有实用功能，更是追求美和精神享受的重要载体。

因此，可以说汉代玉器功能多样化的原因主要包括社会变革和创新发展、经济繁荣和世俗化趋势，以及爱玉求美的文化传统和儒家"玉德"思想的盛行等多个方面。这些因素共同作用，使得汉代玉器在品种、组合和功能上呈现出前所未有的多样性和丰富性。

1. 组玉佩、玉佩

人身装饰玉器品种繁多，包括单件玉佩、组佩、玉笄、玉带钩以及玉管等。其中，"玉佩"一词最早可见于《诗经·秦风·渭阳》，书中记载："何以赠之？琼瑰玉佩。"[①]可见，佩玉在古代礼仪服饰中占据了重要地位，与古代礼法等级制度紧密相关。据《白虎通疏证·卷九·衣裳》所言："所以必有佩者，表德见所能也。"古人深信玉有德，将玉人格化、道德化，并赋予其诸多美德的象征。因此，佩玉不仅有助于彰显君子的品德，更是其修养之体现。《礼记·玉藻》中也有记载："君子必佩玉，左征角，右宫月，趋以采齐，行以肆夏，周还中规，折还中矩，进则揖之，退则扬之，然后玉锵鸣也。故君子在车，则闻鸾和之声，行则鸣佩玉，是以非辟之心，无自入也。……君子无故，玉不去身。"[②]这段文字描述了君子佩玉后的庄重仪态和佩玉发出的悦耳声音，表达了君子的坦荡之

---

① 蒋见元，程俊英.诗经注析[M].北京：中华书局，1991：359.

② [清]阮元校刻，中华书局编辑部.十三经注疏[M].北京：中华书局，1998：1482.

心。此外，《礼记》还记载了大夫士在不同场合下的佩玉礼仪："君在不佩玉，左结佩、右设佩；居则设佩，朝则结佩。注解：此谓大夫士之礼也。君在，谓君出视朝也。结佩，谓结其两璜于绥而使不得鸣也。君在不佩玉，非全不佩也，结其左，而设其右焉耳。"[1]注解中指出，这是大夫士的礼仪规定。当君主在场时，大夫士需将玉佩结在左边而右边不设玉佩；在居住时则设置玉佩；在朝见时则结。这种细节的规定显示了古代礼仪的严谨性。古代玉佩种类繁多，除了各式各样的单件玉佩外，还有大量的组玉佩。组玉佩是由玉珩、玉璜、玉璃、玉琚、玉冲牙等不同形状的玉佩以丝线加玉珠穿组而成的一串饰品，通常系挂在腰间。《白虎通疏证》中对组玉佩的形制有详细记载："凡玉佩，上有双衡，衡长五寸，博一寸；下有双璜，璜径三寸，冲牙蠙珠，以纳其间。上下为衡，半璧为璜，中横以冲牙，以苍珠为瑀。"[2]这种精细的构造使得组玉佩在佩戴时不仅美观大方，而且其相互碰撞发出的声音也能提醒佩戴者注意行走的仪态和节奏。

佩戴玉佩的习俗最早可追溯到西周时期，至春秋战

---

[1]　杨天宇.礼记译注[M].上海：上海古籍出版社，1997：821—822.

[2]　《白虎通疏证·卷九·衣裳》注引《初学记》引《三礼图》。

国时期达到顶峰。汉初，这一传统在贵族阶层中得以延
续。考古发掘显示，西汉初期玉佩多采用组合形式，且
每套组合中的玉器数量相对较多。例如在南越王赵眜的
墓中就发现了多套玉佩，其中包含了 33 件玉璜，其中
23 件被用作组佩的一部分。又如 2001 年，陕西西安窦
氏墓出土结构完整的西汉早期玉组佩 2 套，共有云纹透
雕玉璧 1 件、熊猴纹透雕玉环 1 件、双龙连体玉珩 4 件、
龙形玉觽和凤鸟形玉觹 4 件、各种姿态的玉舞人 7 件、
变形云纹玉佩 1 件、镂空凤鸟形玉佩 2 件（图 2-7）。到
了西汉中期以后，组合式玉佩的流行趋势有所下降，数
量逐渐减少，组合形式也变得更为简化，玉璜作为组佩
的元素逐步减少甚至消失。西汉时期常见的组玉佩器型
包括玉环、玉璜、玉珩、玉觽、玉韘和玉舞人等。

图 2-7　陕西西安窦氏墓出土A组玉佩及B组玉佩，
引自《陕西出土汉代玉器》图版 221 ～ 222 线图

　　到了东汉孝明帝时期，佩玉之风再度兴起。《后汉书》载有详细记录："孝明皇帝永平二年，初诏有司采周官、礼记、尚书、皋陶篇，以备其制。乘舆服从欧阳氏说，公卿以下从大小夏侯氏说。冕皆广七寸，长尺二寸，前圆后方，朱绿里，玄上，前垂四寸，后垂三寸，系白玉珠为十二旒，以其绶采色为组缨。三公诸侯七旒，青玉为珠；卿大夫五旒，黑玉为珠。皆有前无后，各以其绶采色为组缨，旁垂黈。郊天地、宗祀、明堂，则冠之。衣裳玉佩备章采，乘舆刺绣，公侯九卿以下皆织成，陈留襄邑献之云。"①汉代的佩玉制度与《礼记》等典籍所记载的先秦制度有所不同。《东汉会要》载："秦乃以采组连结于璲，光明章表，转相结受，故谓之绶。汉承秦制，用而弗改，故加之以双印佩刀之饰。至孝明皇帝，乃为大佩，冲牙双璜皆以白玉，乘舆落以白珠，公卿诸侯以采丝，其视冕旒为祭服云。"②此外，《东汉会要》还有关于"藻"的记载，显示了汉代对《周礼》中关于祭服及玉饰习俗的继承："白玉珠为十二旒，以其绶采色为组缨。三公诸侯七旒，青玉为珠；卿大夫五旒，黑玉为珠。皆有前无后，各以其绶采色为组缨，旁垂黈。郊天地、祀明堂则冠之，衣裳玉佩备章采，秉舆刺史公侯

---

① 《后汉书》志第三十《舆服》下。

② [宋]徐天膦撰.东汉会要·卷十[M].北京：中华书局，1955：1.

九卿以下皆织成。"① 根据《周礼·春官·司服》的记载：
"王之吉服，祀昊天上帝，则服大裘而冕，祀五帝，亦
如之，享先王则衮冕。"② 冕冠是帝王、诸侯及卿大夫在
祭祀大典时所戴的最贵重的礼冠。此冠广八寸，长一尺
六寸，前圆后方，略有前倾。前后两端垂以五彩丝线编
成的"藻"，上面缀有玉珠，称为"旒"。皇帝的衮冕冠
服代表着最隆重的祭礼，冕冠前后各有十二旒，共用玉
288 颗，是最为贵重的礼冠，玉珠以白玉制成。从考古
发现来看，河北定县 43 号东汉墓曾出土了一套精美的
组玉佩，包括心形佩、璜、冲牙、环等部件，均透雕或
浮雕有龙纹，质地优良。③ 此墓被认为是中山穆王刘畅
之墓，玉佩组的再次兴起应该与汉明帝时期所制定的舆
服制度有关。但组合完整的组玉佩出土仍较稀少，这是
由于东汉陵墓封土明显、墓葬易盗造成的。东汉晚期几
无组佩出土，西晋挚虞《决疑要注》记载："汉末丧乱，
绝无玉佩。魏侍中王粲识旧佩，失复作之。"基本与玉
器出土的实际情况相符。东汉组玉佩的组成有璧、璜、
环、珩、觿、舞人等。

---

①　[宋] 徐天麟.东汉会要·卷十[M].上海：上海古籍出版社，1978：98.

②　[清] 阮元校刻，中华书局编辑部.十三经注疏[M].北京：中华
　　书局，1998：781.

③　定县博物馆.河北定县43号汉墓发掘简报[J].文物，1973（8）.

佩玉在古代被用作体现尊卑等级、彰显社会各阶层不同身份地位的象征。《礼记》中有所记载："君子于玉比德焉，天子佩白玉而玄组绶，公侯佩山玄玉而朱组绶，大夫佩水苍玉而纯组绶，世子佩瑜玉而綦组绶，士佩瓀玟而缊组绶。"[①] 这段话说明了不同身份地位的人所佩戴的玉饰及其配绶的颜色和质地有所区别。汉代继承了前代佩玉的传统，并在制度上进行了发展。《后汉书》中记载："古者君臣佩玉，尊卑有度。……至孝明皇帝，乃为大佩，冲牙双璜，皆以白玉……佩双印，长寸二分，方六分。乘舆、诸侯王、公、列侯以白玉，中二千石以下至四百石皆以黑犀，二百石以至私学弟子皆以象牙。"[②] 这表明在汉代，佩玉的材质和型式仍然被用来区分不同等级的身份。这种等级制度对后世产生了深远的影响，不仅在文献中有所记载，而且在晋代的佩玉制度中也得到了体现。例如，《晋书》中记载"皇太子金玺龟纽……佩于瑜玉""贵人、夫人、贵嫔是为三夫人……佩于阗玉""皇太子妃……佩山玄玉"[③] 等，都表

---

① [清] 阮元校刻，中华书局编辑部.十三经注疏[M].北京：中华书局，1998：1483.

② 《后汉书》志第三十《典服》下。

③ [唐] 房玄龄等.晋书·卷二五·舆服志[M].北京：中华书局，1974.

明了不同身份地位的人所佩戴的玉饰有所不同。马端临在《文献通考》中也提到了佩玉与尊卑等级的关系："古者君臣佩玉，尊卑有度。上有韨，贵贱有殊。佩所以章德，服之衷也；役所以执事，礼之共也。"[①]这几段话不仅证明了佩玉在古代礼仪中的重要地位，还说明了玉的材质、色泽也与尊卑等级制度紧密联系。

玉有缺则为玦，在文献记载中，玉玦也是常被提及的一种佩饰，最早可追溯到新石器时期，主要是被用作耳饰和佩饰。小玉玦常成双成对地出土于死者耳部，类似今日的耳环，较大体积的玦则是佩戴的装饰品和符节器。新石器时期的玉玦制作朴素，造型多作椭圆形和圆形断面的带缺环形体，除红山文化猪龙形玦外，均光素无纹。红山文化猪龙玦（又称兽形玦）形制特殊，形体普遍较大，有的玦上有细穿孔，当是佩玉。考古发掘已经证实，该文化的大型玦多出土于死者胸前，可以确定它不是耳饰。商代玉玦呈片状，尺寸一般在 5 厘米～10 厘米，分两种类型。一种是光素的，环窄；另一种为龙形玦，作卷曲龙形，龙张口露齿，背饰扉棱，龙身饰勾撤云雷纹，俗称"假阳文"，线条转角方硬，图案化风格强烈。周代玉玦仍作片状，内部明显宽于商代，中孔较小，并出现椭圆形玦。玦身多为光素，部分饰弦纹、

---

① 《文献通考》卷一一二。

云雷纹，纹饰与商代相比有简化趋势。龙形玦很少，且多无脊齿。春秋、战国玉玦数量最多，此期玉玦的形体较小，一般直径在3厘米～5厘米。玦体作扁片状，普遍饰有纹饰，素面的很少。纹饰主要是当时流行的细密风格的蟠螭纹、蟠虺纹。用双钩阴线或宽阴线隐起加发丝线方式饰纹。动物形玦简化成阴线刻交尾双龙、双兽纹玦，少数精品在两端透雕兽首形象。

　　汉代玉玦风格沿袭战国，小玦不及战国时精致。此时出现了一些较大的玦，直径在10厘米以上，应是佩玉或符节器。有些玉玦还作为组玉佩的一部分，如广东广州象岗南越王墓出土方形玉玦1件，长7厘米、宽7厘米、孔径1.3厘米、厚0.2厘米，外方内圆，四角为尖齿，呈右旋向，一侧有细缝缺口，为"泰夫人"（D组）组玉佩的最上端的组件。[①]《史记·项羽本纪》中有载："范增数目项王，举所佩玉玦以示之者三，项王默然不应。"[②] 这里的玉玦不仅是装饰用的玉器，还承载了范增对项羽的暗示和决断之意。同样，《后汉书》中也有关于玉玦的记载："更始取伯升宝剑视之，绣衣御史申屠建随献玉玦，更始竟不能发。李贤注：绣衣御史，武帝

---

① 　李银德.中国玉器通史·秦汉卷[M].深圳：海天出版社，2014.

② 　《史记》卷七《项羽本纪》。

置，衣绣者，尊宠之也。玦，决也。令早决断。"①这两则史料都揭示了玉玦在汉代除了作为装饰品外，还象征着决断和果敢。

目前出土的汉代的佩玉组并不多见，其他零散的小型佩饰却相当丰富。西汉以玉觿和韘形佩为代表的装饰性玉饰达到了艺术上的高峰，这些玉佩已经逐步脱离了其原有的实用功能，转向更加注重装饰性和审美价值，代表了汉代镂雕工艺的创新和发展，成为具有独特特色的装饰玉。到了东汉时期，还出现了寓意压胜和辟邪的玉翁仲、司南佩，这些小型玉佩通常设计简约而浑厚，展现出强烈的气势。

2. 玉具剑

汉代不仅盛行佩玉之风，还有许多精美的玉器装饰在各类器物上，如上文提及的被用于装饰建筑的玉璧。其中尤以玉具剑和龙形玉拐杖头最为引人注目。玉具剑，即在剑和剑鞘上镶嵌玉饰的宝剑，其历史可追溯至东周时期，但真正将剑首、剑格、剑璏和剑珌等玉饰完美配套并流传下来的则是以西汉时期为代表。西汉的玉具剑在中国琢玉史上达到了巅峰，其玉饰工艺之精湛、造型之优美，令人叹为观止。典型的玉具剑由四种玉饰组成，这些玉饰在学术界有着多种不同的命名。玉剑首

---

① 《后汉书》卷十四《齐武王演传》。

是装饰在剑柄端的玉饰，其造型独特，工艺精细。《后汉书》中记载："玉具，标首、卫，尽用玉为之。"①这里的"标首"即指玉剑首。玉剑格，也有学者称其为剑口或镡，位于剑茎和剑身之间，起到保护和装饰的作用。玉剑璏是剑鞘上用于穿戴佩挂的玉饰，造型各异，有的还雕刻有精美的纹饰。此外，还有一种被称为玉剑珌的玉饰，它位于剑鞘的末端，起到保护剑鞘和装饰的作用。汉代人对玉具剑的珍视程度极高，这主要得益于其镶嵌的四种精美玉饰，使得剑身价值倍增。玉具剑不仅造型优美、纹饰多样，而且雕琢技艺精湛无比，因此成为皇室贵族和富家子弟喜爱佩戴的武器。文献资料中对玉具剑的记载颇丰，《西京杂记》中描述汉高帝斩蛇剑时提到："剑上有七采珠、九华玉以为饰，刃上常若霜雪，光彩射人，盖即广雅所谓断蛇也。"②可见当时的宝剑已非常注重装饰和美观。《史记》中也有关于玉具剑的记载，卫将军舍人被选拔为郎官时，"将军取舍人中富给者，令具鞍马绛衣玉具剑，欲入奏之"。③这说明在当时的社会中，拥有玉具剑已成为一种身份和地位的象征。

① 《后汉书》卷八十九《南匈奴传》。

② 无名氏撰，［晋］葛洪，程毅中点校.燕丹子西京杂记·卷一[M].北京：中华书局，1985.

③ 《史记》卷一百四《田叔列传》。

《汉书》记载："后莽疾，休候之。莽缘恩意，进其玉具
宝剑，欲以为好。休不肯受。"①《汉书》："赐以冠带衣
裳、黄金玺戾绶、玉具剑、佩刀……锦绣绮毂杂帛八千
匹、絮六千斤。"②《后汉书》载："天子临轩，大鸿胪持
节拜受玺绶。引上殿。赐青盖驾驷、鼓车、安车、驸马骑、
玉具刀剑、什物……"③可见玉具剑在汉代皇室贵族的政
治活动中具有重要作用。

玉佩剑在贵族间的流行表明，这一时期的贵族对佩
剑的进攻和防卫功能需求已经开始减弱，反而成为朝服
的一种装饰。在《晋书》中记述了其演变过程："汉制，
自天子至于百官，无不带剑，其后惟朝带剑。晋世始代
之以木，贵者犹用玉首，贱者亦用蚌、金银、玳瑁为雕
饰。"④阎立本《古帝王图》中晋武帝像即有其佩玉具剑
的形象。

3. 韘形佩

俗称鸡心佩，作为装饰品使用已有悠久的历史。在
《诗经》中有提到："芄兰之叶，童子佩韘；虽则佩韘，

---

① 《汉书》卷九十九上《王莽传》。

② 《汉书》卷九十四下《匈奴传》。

③ 《后汉书》卷八十九《南匈奴传》。

④ 《晋书》卷二十五《舆服制》。

能不我甲。"① 这里的鞢指的是佩戴的扳指或射箭时所用的射决，射箭时戴在大拇指上用来勾弦。

安阳殷墟妇好墓中出土的玉扳指，是我们目前所见最早的具有实用功能的鸡心佩。它的形状是圆筒形，稍微短一些，上部分斜下部分平。主体部分雕刻有兽面纹，兽目的下方有钻孔，可以系于手上。器具的背部下方有一个横向的凹槽，用于勾弦。这个兽面纹具有鲜明的时代特征，脸部两侧雕刻有身体，整体以双勾阴线勾勒，具有长眉、方眼、宽鼻内卷、嘴角上翘、耳后贴附以及牛角的特征。

在春秋战国时期，鸡心佩的基本形状是斜圆筒形，可以戴在大拇指上。从其雕刻的华丽纹饰来看，作为装饰品的装饰性得到了增强。汉代的鸡心佩是在春秋战国时期的基础上发展而来的，其实用功能已经消失，成为一种随身携带、美化生活的装饰品。它的形状多为扁平体，一面稍微凸起，一面稍微凹陷，由主体和两侧镂雕、透雕的附属装饰组成。主体近似椭圆形，上端簪玳瑁，垂珠玑呈三角状，下端呈圆弧状，中间钻有一个圆孔。器具表面常刻有阴线卷云纹、涡纹或浅浮雕的螭虎等图案，边缘则饰有龙、凤、螭虎首等抽象变形的图案，身

---

① 黄侃批校.诗经·卫风[M].黄侃批校.黄侃手批白文十三经[Z].北京：中华书局，2006：178.

体和尾部常常雕刻有涡纹或卷云纹，装饰性非常强。

汉代鸡心佩是在春秋战国时期佩饰的基础上逐渐发展起来的，其实用功能逐渐减弱，更多地成了人们随身佩戴的装饰品。这些鸡心佩的形状多为扁平体，一面微凸，一面稍凹，结构精巧。它们通常由主体和两侧镂雕、透雕的附属装饰组成，展现出极高的艺术水平。

鸡心佩的主体部分近似椭圆形，上端呈委角状，下端则是优雅的圆弧状。中间常钻有圆孔，不仅方便佩戴，也增添了整体的美感。器身上常常刻有细腻的阴线卷云纹、涡纹或浅浮雕的螭虎等图案，边廓则饰以龙、凤、螭虎首等抽象变形的元素，身体及尾部也常琢有涡纹或卷云纹，使得整个鸡心佩充满了动感和生命力。

随着时代的变迁，鸡心佩的造型也呈现出一定的差异。西汉初期的鸡心佩在继承战国时期风格的基础上，形体较小，多采用平面镂雕和浅浮雕工艺。例如，广州市南越王汉墓出土的鸡心佩就是这一时期的代表作。该佩饰修长而优雅，上部镂雕着抽象的鸟纹图案，卷曲环绕，如凤似云。主体部分呈椭圆形，中部穿有一圆孔，上端委角，下端圆弧状。器身阴刻线条流畅挺拔的变形卷云纹，展现出独特的动态美。这一时期的鸡心佩在雕琢上强调变化与动态，较少注重对称和稳重感，体现了当时人们对佩饰的热烈审美追求。

到了西汉中期以后，鸡心佩逐渐形成了汉代典型的造型风格。中部孔径增大，主体部分中部外凸更加明显，外廓两侧则透雕着精美的附饰。整体造型在保持大致对称的同时，也注重局部的变化与巧思。雕工更加成熟精湛，河北省满城县陵山中山靖王王后窦绾墓出土的心形佩就是这一时期的杰出代表。该佩饰呈椭圆形，中部钻孔较大，上端委角优雅自然，下端圆弧状柔和流畅。一侧透雕着具象的禽兽相搏的动物纹饰，另一侧则琢有具象的高冠凤鸟纹。器身两面均阴刻着细腻的卷云纹图案，正面凸起饱满有力，背面则微凹显得轻盈灵动。整个佩饰稳重大方、质朴淳厚，充分展现了汉代玉器的独特造型风格和精湛雕刻技艺。

西汉晚期的鸡心佩在形体上发生了变化，与其他玉器造型如玉璧、玉熊等相结合，形成了新的风格。在雕琢工艺上，高浮雕动物的技法已经相当成熟，成为区分汉代和战国玉器的重要特征。例如，北京大葆台汉墓出土的玉佩，其外廓被巧妙地琢成玉璧形状，两面高浮雕龙凤纹，并以变形云纹修饰，展现出动物身躯的矫健和肌肉的隆起，充满了活力。

同时，河南省永城市芒山镇僖山汉墓出土的鸡心佩与玉编造型相结合，中部圆孔变小且上移，形体拉长，下端圆弧减短，附饰与实体的比例增大。上端延长呈斜尖状，类似玉觿的尖端，下端伸展，装饰特征突出，展现出优美的造型。

进入东汉时期，鸡心佩主体部分的孔由圆形或椭圆形变为拉伸的椭圆或圆角方形。附饰逐渐演变为环绕主体的透雕纹饰，使形象更加优美。河北省定县北陵透村中山穆王刘畅墓出土的佩饰就是这一时期的代表（图2-8）。它呈椭圆形，外廓附饰浮雕独角蟠螭纹，身体翻转扭曲盘踞于佩主体上，局部以细线勾勒，雕琢玲珑剔透。这件作品既继承了西汉晚期以来动物纹饰浮雕的传统工艺，又具备了东汉鸡心佩的独特造型。

图2-8　透雕蟠螭纹鞢形佩，河北省定县中山穆王刘畅墓出土，引自《中国出土玉器全集·1》图版210

此外，安徽省怀远县唐集东汉墓出土的圆雕鸡心佩是汉代少见的珍品（图2-9）。它整体呈椭圆球形，透雕三条螭虎盘绕中间圆孔，四肢首尾勾连缠绕，昂首摆尾，生动有趣。阴刻线琢饰五官和身躯，雕工精细，线条流畅，构思独特且富有创意。

图 2-9　韘形佩，安徽省怀远县唐集汉墓出土，引自《中国出土玉器全集·6》图版 156

　　然而到了东汉后期，部分鸡心佩仍保留了高浮雕动物纹饰的风格，但同时也出现了平面片状镂空的鸡心佩。这些佩饰的器身仅用阴刻线装饰，动物造型虽保持了西汉以来的形式，但身躯多纤细无力，已失去气势上的雄健。这种现象预示着汉代玉器风格向魏晋南北朝时期纤细秀丽风格的过渡。

　　4. 玉人、玉舞人

　　汉代玉人的造型，分为圆雕和片雕两种，大致有玉俑、舞女、翁仲等圆雕玉人，以功用看，则均为佩饰或辟邪压胜的装饰类玉器。值得一提的是，虽然玉舞人在战国时期已有出现，但其数量十分稀少。汉代继承了战国时期的社会风尚，生活自由豪放，声色悦目，歌舞宴饮聚会盛行，成为生活重要的一部分。以至，汉代的舞蹈主题玉佩变得异常流行，并展现出极高的艺术水平。

　　这一时期，歌舞艺术非常发达，不仅存在专门的官方音乐管理组织，在整个社会也极为流行，皇帝的宠妃和爱姬通常都具有优秀的歌舞才能，这一点在多份文献中有所记录。例如，《西京杂记》中提到汉高祖的宠姬戚夫人"善为翘袖折腰之舞，歌出塞入塞望归之曲"；《汉书》记载了武帝宠爱的李夫人"妙丽善舞"，以及成帝的皇后赵飞燕"学歌舞，号曰飞燕，能掌上舞"。在这样的文化氛围中，舞蹈和歌唱成为艺术创作的重要主题，与出土文物中的玉舞人形象相一致。从出土的玉舞人造型上看，其注重表现写意的姿态，风格简约而生动，采用阴刻技术细腻描绘动态身姿。玉舞人的题材多样，包括单舞和双舞玉人，舞蹈动作也呈现出类似的特点，如舞者多表现为折腰，长袖高举，腰身轻盈。这些造型正是汉代舞蹈"翘袖折腰"特征的传神体现，反映了当时舞蹈艺术的风格。玉舞人婀娜多姿的舞女形象成为生活轻松自由的贵族审美倾向的新元素，翘袖折腰舞女的形象也成为贵族妇女佩饰的组成部分，多数出土于女性墓葬，雕法以平面透雕为主，同时也用浮雕和圆雕。

相对于战国时期玉人的衣着华丽，纹饰精美，汉初玉舞人纹饰简单，造型朴实，南越王汉墓陪葬夫人玉组佩中玉舞人的形象为典型代表。通体纹饰简单，以粗阴线刻画双眼和微微张开的嘴巴，鼻梁浮雕，袖口和下摆刻卷云纹花边，一袖上扬，一袖下甩，扭腰并膝，席地而跪，以身体呈现的大型"S"一体型体现了汉代艺术具象与夸张并存的艺术风格。

　　西汉中后期以来的玉舞人体现了汉代豪迈、洒脱、活力十足的气度。总体特征是以流动的卷云纹、长袖、长裙、灵活的身姿，表现了其跳舞时的动态美，展示了造型的韵律和节奏。代表有江苏省扬州市"妾莫书"木椁墓出土的玉舞人、陕西省西安市三桥镇汉墓出土玉组佩中的玉舞人、河南省永城市芒山镇僖山汉墓出土玉舞人（图2-10）和北京大葆台2号墓出土玉舞人。（图2-11）

图2-10　河南永城僖山汉墓（M1）　出土，引自《中国出土玉器全集·5》图版228

　　北京大葆台出土的扁平玉人，身穿曳地长裙，右臂上扬过头，长袖在另一侧长长垂下，左臂下垂，身形苗条婀娜。整体造型镂雕而成，以细阴线刻画五官和衣裙的褶皱。通过长袖长裙和飘逸流动的卷云纹刻画的褶皱,展示了汉代艺术优美、飘逸、力量和气韵的审美倾向。

图 2-11　北京丰台大葆台 2 号汉墓出土,引自《中国出土玉器全集·1》图版 19

目前发现的圆雕玉人既没有陶俑的憨厚滑稽,飘逸灵动,也没有玉舞人的韵律与气势。圆雕玉人以静态造型为主,通过庄重肃穆的表情、形态及玉质的观念功能发挥其特殊作用。

广州南越王汉墓和西村凤凰王汉墓出土的踞坐男女玉人为同一雕琢风格。平顶、踞坐、拱手,通体圆雕,面部中央或起棱,或平面,五官及衣纹以粗阴刻线刻画,自上而下贯穿一孔,便于佩戴。风格简朴,造型古朴,代表了从战国向汉代过渡时期的玉人特征。

安徽省全椒县陈浅乡石庄汉墓出土的男女玉人各一件,整体圆雕,阴刻线琢出五官、衣领和衣带,浮雕褶皱衣袖，造型简单，表情严肃，立身拱手，似作侍者状。

西汉中期的中山靖王刘胜墓出土的圆雕跽坐玉人，阴刻线勾画胡须五官，脸型瘦削，脑后束发，头戴矮冠，冠带系于颔下，交领右衽，宽衣博带，浮雕手指和衣纹，腰间饰菱形纹带，凭几而坐，似神情凝重。底座下阴刻铭文："维古玉人王公延十九年"。（图 2-12）该玉人出土于刘胜棺椁之间，推测应为压胜之物。

图 2-12　跽坐玉人,河北满城刘胜墓出土,引自《满城汉墓发掘报告》图九八；左为照片；右为线图

从汉代中期开始，玉人雕琢工艺水平迅速提高，造型风格转变为飘逸、洒脱而又不失质朴。如陕西省咸阳市汉元帝渭陵建筑遗址出土玉雕佣首，代表了汉代玉人雕琢的高超水平和艺术风格。该佣首圆雕头戴矮冠，长眼高鼻，嘴巴微张，面目清秀，神态安逸。碾琢细致，通体抛光，头发、胡须、眉毛及双眼琢以短细阴刻线，

浮雕眼珠和鼻梁，显示了汉代后期娴熟的玉雕技法。

东汉时期盛行"汉八刀"的雕工，以玉翁仲为代表。江苏省扬州市邗江区甘泉东汉 2 号墓出土玉翁仲为一中年男子形象，头戴高冠，宽衣博带，交领右衽，为汉代常见服饰。神情威严，眉梢、眼角高挑，八条粗阴刻线饰眉、眼、嘴巴、衣领和腰带。汉代玉翁仲为随身携带的辟邪饰物，故常在其对穿一孔，便于佩戴。

5.其他装饰用玉器

陈设玉器在汉代可视为新兴的艺术品类，主要以装饰性和审美价值为主，不同于传统的生活性玉器。这类玉器通常由上述礼器及装饰用玉演化而来，但不具备实际使用功能，主要用于展示，以增添室内环境的艺术氛围，反映了汉代社会对装饰艺术美的高度重视。此外，汉代部分陈设玉器如玉熊镇等，既有实用功能也具备装饰价值，这类玉器在实用与美观之间达到了一种平衡。

在汉代的生活场景中，人们习惯跪坐，使用的家具主要包括案、几、枰、榻等，这些家具的设计和布置为陈设玉器提供了展示空间。

汉代的玉除了被用作装饰剑之外，还被用作装饰乐器，《西京杂记》记载："赵后有宝琴，日凤凰，皆以金玉隐起为龙凤螭鸾、古贤列女之象。"[1]

---

① 《燕丹子 西京杂记·卷五》。

三、实用玉器

汉代，随着国力的强盛和经济文化的繁荣，日用玉器开始广泛应用于人们的日常生活。这些玉制品主要包括玉酒具（如耳杯、高足杯、角杯等）、玉容器（如玉卮、玉洗、玉砚滴、玉樽、玉盒等），以及个人装饰或日常使用的玉器（如玉带钩、玉带头、玉襟钩、玉枕、玉簪、玉梳、玉印等）。这些玉器不仅在造型和装饰上展现了精美的工艺，还体现了汉代人对生活品质的高标准和审美追求。它们大多出土于权贵阶层的墓葬中，说明这些玉制品不仅用于日常生活，也象征着使用者的社会地位和财富。

随着时间的推移，生活玉器的种类和数量显著增加，如玉杯、玉枕、玉镇等，成为汉代人日常生活的重要组成部分。这些实用玉器的普及，不仅满足了基本生活需求，还反映了汉代社会的物质和文化水平。日用玉器的流行，既是经济繁荣的结果，也是文化发展的体现，揭示了汉代社会结构和文化传统的多层面特征。

1. 玉带钩

玉带钩不仅是汉代的装饰品也是一种生活用玉器。战国至秦汉是带钩最流行的时期，战国文献中就有关于带钩的记载，如《庄子·胠箧》载："彼窃钩者诛，窃国者为诸侯。"①汉代文献中也有关于带钩的记载。《后汉书》载:"四年,赐以病罢。居无何,拜太常,诏赐御府衣一袭,自所服冠帻绶,玉壶革带,金错钩佩。"②虽然文献中记载的带钩并非全是玉带钩,有的可能是错金青铜带钩或错金银带钩,但是汉代墓葬中却出土过一些玉带钩。西汉南越王墓就出土过一龙虎纹玉带钩。(图2-13)③徐州铜山小龟山西汉墓也出土过玉带钩④。可见汉代的带钩,不仅用于装饰,还经常作为礼品使用。

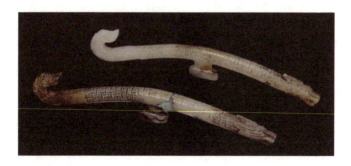

图2-13 龙形单体带钩,广东广州南越王墓出土,引自《南越王墓玉器》图版115

① 陈鼓应注释.庄子[M].北京:中华书局,1983:256.

② 《后汉书》卷五十四《杨赐传》。

③ 广州象岗汉墓发掘队.西汉南越王墓发掘简报[J].文物,1988(8).

④ 南京博物院.铜山小龟山西汉崖洞墓[J].文物,1973(4):21—35.

汉代带钩选材讲究、琢磨细致精良，造型纹饰风格多样，数量较多。这一时期，玉带钩大多通体光素无纹。钩首头形雕琢丰富，出现了浅浮雕蟠螭、凤鸟等纹饰，也有的仅存轮廓，但都规整洁净。琵琶形带钩，钩身平滑钩头细小，呈圆形涡纹或兽头，钩腹上凸，多饰云纹；扁担形带钩，钩身长，钩头偏方上突，琢兽头且五官刻画细致；方柱形带钩，钩身短呈方柱形无纹饰，向钩头方向逐渐变窄，钩首多为兽头，颈部有装饰横线；宽腹带钩，钩身短宽，钩腹整体似为方形，局部带有镂雕。

2.玉卮、玉杯

卮是这一古代酒器的身影最早可追溯至战国时期。卮是汉代常用的饮器，由陶、木、漆、铜、骨、玉、石等各种材质制成，以玉卮最为珍贵。卮用木片卷曲而成。《礼记·玉藻》郑玄注："圈，屈木所为，谓卮、匜之属。"《说文·卮部》亦说"卮，圆器也"。从考古发掘出土和传世的汉卮来看，大多也保持着圈器的形制。在脍炙人口的"画蛇添足"故事中，就提及了用卮来盛酒，然而故事中并未明确这酒器是由玉还是铜所制成。及至汉代，玉质卮在王公贵族家的酒宴上开始崭露头角。玉卮在汉代的珍贵程度非同一般，它常常作为重大礼仪活动中的重要道具，不仅承载了美酒的芬芳，更象征着使用者的尊贵身份。《汉书》记载："九年冬十月，淮南王、梁王、赵王、楚王朝未央宫。置酒前殿，上奉玉卮为太上皇寿……。"^①足见玉卮在当时礼仪中的独特地位。
《韩非子•外储说右上》云："今有千金之玉卮,而无当,
可以盛水乎?"由此有"玉卮无当"之成语。玉卮珍贵
异常,秦汉时期非王侯莫属。《史记•项羽本纪》:"项伯
即入见沛公,沛公奉卮酒为寿。"《史记•高祖本纪》载:
"未央宫成。高祖大朝诸侯群臣,置酒未央宫前殿。高
祖奉玉卮,起为太上皇寿。"西汉以后很少见到玉卮的
踪影,文献中虽有提及,然已非中土制造。如《洛阳伽
蓝记》记载:"(王)琛常会宗室,陈诸宝器……自余酒
器,有水晶碗、玛瑙琉璃碗、赤玉卮数十枚。做工奇妙,
中土所无,皆从西域而来。"此外,考古发现也为我们
揭示了玉卮的真实面貌。在徐州狮子山楚王墓中,就曾
出土过一件精美的玉卮。(图 2-14)这件玉卮,通高 9.8
厘米、口径 6.7 厘米,由半透明和田玉制成,温润光亮;
盖呈淡青色,卮身青色泛黄,显然系两块玉料雕琢而成。
器盖、器身以子母口相扣合,盖纽为五瓣柿蒂形,上饰
四角星并填纲纹;盖面四周凸雕三枚立体卷云纽;器身
呈筒形,口略大,下附三小兽形足,挺拔而不失稳重;
口沿及底边各有一卷云纹饰带,其间布满勾连雷纹,
简洁而优雅,工艺精湛,更是汉代玉器制作技艺的生动

---

① 狮子山楚王陵考古发掘队.徐州狮子山西汉墓楚王陵发掘简报
[J].文物,1998(8).

见证。

图 2-14　勾连纹玉盖卮，江苏徐州狮子山楚王墓出土，引自《大汉楚王》，第 214、215 页

　　汉代除去玉卮外，还有玉杯这一玉器。根据史料记载，汉代玉杯不仅作为酒器使用，更具有深刻的象征意义。特别是那些刻有"延寿"字样的玉杯，寄托了人们吉祥如意、长寿安康的美好愿望。我国自古以来就视玉为祥瑞之物。在汉代，人们更是将玉杯的出现视为吉祥好运和国泰民安的象征。这一点在《汉书》中得到了明确的记载，如"秋九月，得玉杯，刻曰'人主延寿'。令天下大酺，明年改元"。[①] 可见，当时人们相信，得到这样的玉杯，能够带来长寿和吉祥，因此举国欢庆，甚

――――――――――

① 《汉书》卷四《文帝纪》。

至改元纪年。此外,《汉书》中还有关于献玉杯的记载:
"其明年,平使人持玉杯,上书阙下献之。平言上曰:'阙
下有宝玉气来者。'已视之,果有献玉杯者,刻曰'入
主延寿'。"[1] 这段文字描述了有人向朝廷献上刻有"入
主延寿"字样的玉杯,印证了玉杯在汉代象征吉祥。而
汉代的另一种特殊玉器——"承露盘",则是由玉器与
其他材料镶嵌而成。这种承露盘与玉杯相结合,用于承
接云雾中的露水,寓意着承接天地精华,祈求长生不老。
据《史记》记载:"其后则又作柏梁、铜柱、承露仙人
掌之属矣。"[2] 而《三辅黄图》则对承露盘的构造和用途
进行了详细描述:"宫中更有神明台,在璧门右,武帝
造以求神仙者。高五十丈,上有九室,其上又有承露盘,
高二十丈,大七围。有铜仙人舒掌,捧铜盘玉杯,以
承云表之露。"[3] 值得一提的是,考古学家在西汉南越王
墓中发现了一个铜承盘高足玉杯。这个器物由高足青玉
杯、游龙衔花瓣形玉托架和铜承盘三部分组成,形成三
龙拱杯的造型,非常奇特。[4] 有专家认为,这可能就是

[1]　《汉书》卷二十五上《郊祀志》。

[2]　《史记》卷十二《孝武本纪》。

[3]　阙名氏,张宗祥.三辅黄图校正·卷二[M].上海:古典文学出版
社,1958:65.

[4]　广州象岗汉墓发掘队.西汉南越王墓发掘简报[J].文物,1998(2).

文献中记载的"承露盘"的实物。

3. 玉枕

据《文献通考》所载："黄石公圯上授子房，世人多以三略为是，盖误也。晋乱，有盗发子房冢，于玉枕中获此书。"[①]此外，《西京杂记》亦云："李广与兄弟共猎于冥山之北，见卧虎焉。射之，一矢即毙，断其髑髅以为枕，示服猛也。"[②]由此可见，玉枕在汉代不仅用于日常生活，亦常作为葬玉使用。汉代人崇尚虎的勇猛与辟邪之力，故常在玉枕上雕以虎头纹样。河北定县北庄汉墓曾出土一灰绿色玉枕（图2-15），[③]足以证实文献中关于玉枕的记载。

---

① 《文献通考》卷二百二十一。

② 《燕丹子西京杂记·卷五》。

③ 河北省文化局文物工作队.河北定县北庄汉墓发掘报告[J].考古学报，1964（12）.

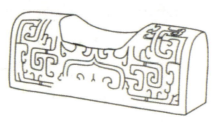

图 2-15　整雕玉枕，河北定县北庄出土，引自《中国出土玉器全集·1》图版 215，上为照片，下为线图

　　从已出土的西汉玉枕看，主要有两种形制，即板凳状的虎头枕和长方盒形枕，东汉时期的玉枕，像西汉时期的玉、铜和木板组合的盒形龙枕已经不见，仅见整玉雕成，或以玉板（条）互相套接铆合的镂空玉枕。玉枕都出土于墓葬中，其镶嵌的玉片大都经过改制，这种现象在玉衣和玉面罩玉片中大量存在，具备殓葬玉器的制作特征，因此可以认为是葬玉的组合之一。但也不排除其中有实用玉枕的可能。

　　4. 玉镇

　　玉镇在汉代不仅是达官贵人家中的重要实用器，亦是席间文化的精致体现。在古代，人们尚未使用座椅进行饮宴吃饭，而是席地而坐，或坐于坐榻之上。因此，座席成为了日常生活中不可或缺的一部分。而座席的前部，往往会放置铜镇或更为珍贵的玉镇，用以压住席子的四角，确保在起身落座时席角不会折卷。这一习俗可追溯至战国时期。楚辞《九歌·湘夫人》中即有"白玉兮为镇"之句，王逸注曰："以白玉镇座席也。"[①]汉代时期，室内铺席子的风俗盛行，镇的使用也因此变得更为普遍。《西京杂记》中便有这样的记载："一坐此席，余香百日不歇。有四玉镇，皆达照，无瑕缺。"[②]这足以彰显当时玉镇在生活中的重要地位。考古学家在徐州北洞山汉墓[③]和徐州狮子山楚王汉墓[④]的发掘中，分别出土了玉熊镇（图 2-16）、玉虎镇和玉豹镇等珍贵文物，这些都为我们提供了宝贵的实物证据。

---

① 　[北宋] 洪兴祖捷，白化文等点校.楚辞补注[M].北京：中华书局，1983：67.

② 　《燕丹子西京杂记·卷一》。

③ 　徐州博物馆等.徐州北洞山投墓发掘简报[J].文物，1988（2）.

④ 　子山楚王陵考古发掘队.徐州狮子山西汉墓楚王陵发掘简报[J].文物，1998（8）.

图 2-16　玉镇熊江苏徐州北洞山楚王墓出土，引自《古彭遗珍》，第 192 页，左为照片，右为线图

值得注意的是，汉代流行以豹、虎等猛兽为形象的席镇。这可能不仅仅是因为这些动物的形象具有审美价值，更可能蕴含了镇恶避邪的深层寓意。随着时间的推移，布帛纸张逐渐进入文房，玉镇的功能也随之扩展。除了传统的镇席之外，书镇、镇纸等新型文房用具也开始出现，玉镇因而逐渐演变成为文房中的重要一员，不仅实用而且极富文化内涵。

5.手杖

手杖，作为老年人重要的辅助工具，在提倡孝道的汉代，玉杖具有其独特的文化内涵。玉杖首部嵌以精美的玉饰，被尊称为玉杖首。这些玉杖首种类繁多，雕刻工艺精细且生动，每一种都富有深刻的寓意。尊老养老，自古以来便是中华民族的核心传统与高尚美德。历史上，关于尊老活动的最早记载可见于《礼记·月令》，文中明确提及每年的仲秋之月，应"养衰老，授几杖，行糜粥饮食"[①]。这一传统在汉代得到了延续与重视，孝道文化在此时期尤为凸显。甘肃武威出土的《王杖诏令册》为我们提供了宝贵的历史见证。其中记载："高皇帝以来至本始二年，朕甚哀怜耆老。高年赐王杖，上有鸠，使百姓望见之，比于节；吏民有敢骂殴詈辱者，逆不道。得出入官府、节第、行驰道中；列肆贾市毋租，比山东复。"[②] 从这段竹简中，我们可以得知，汉高祖刘邦时期便已开始赐给老人玉杖，并赋予他们诸多特权。到了汉成帝时期，授杖制度进一步得到完善。原先汉初规定八十岁以上的老人才可授杖，但到了成帝时期，这一年龄限制放宽至七十岁。《王杖诏令册》记载成帝曰："年七十以上，人所尊敬也，非首杀伤人，毋告劾，它毋所坐。年八十以上，生日久乎？"[③] 此外，《王杖诏令册》还记录了一起殴打持有玉杖者的案件，"汝南太守谳廷尉吏：有殴辱受王杖主者，罪名明白。谳何！应论弃市。云阳白水亭长张熬，坐殴摧受玉杖主，使治

① 《礼记译注》，第274页。

② 甘肃文物工作队，甘肃博物馆编.汉简研究文集[M].甘肃：甘肃人民出版社，1984：36.

③ 甘肃文物工作队，甘肃博物馆编.汉简研究文集[M].甘肃：甘肃人民出版社，1984：37—38.

道男子王阳告之，即弃市"。① 殴打持有玉杖的人判处
弃市，用意告诫臣民要尊敬老人。传世文献中也有很多
关于玉杖的记载，《两汉博文》载："三公一人为三老，
次卿一人五更，皆冠进贤，扶玉杖。其日秉舆到辟雍，
遣使者安车迎三老五更，天子迎于门屏，交拜。"② 又《灵
帝纪》述："灵帝以袁逢为三老，赐以玉杖，杖长九尺，
端以鸠为饰，鸠者不咽之鸟，欲老人之不咽也。"③ 再者，
《后汉书》亦载："仲秋之月，县道皆案户比民。年始
七十者，授之以玉杖，毓之糜粥。八十、九十，礼有加
赐。玉杖长（九）尺，端以鸠鸟为饰。鸠者，不噎之鸟
也。欲老人不噎。"④ 汉代政府将玉杖赐予三老这一特殊
群体，不仅是对他们沟通社情民意、维护国家统治的酬
谢与尊重，更是为了建立和维护儒家伦理系统，以稳定
社会秩序，彰显孝道文化的重要性。

关于两汉时期的生活玉器，除去之前所述的玉杯、
玉杖等，文献中还记载了许多其他种类的玉器，这些玉

---

① 甘肃文物工作队，甘肃博物馆编.汉简研究文集[M].甘肃：甘肃
  人民出版社，1984：35—36.

② [北宋] 杨侃撰，马怡点校.两汉博闻·卷八[M].郑州：中州古籍
  出版社，1991：151.

③ [唐] 杜佑撰.通典·卷六十七·礼典[M].北京：中华书局，1996.

④ 《后汉书》志第五《仪》中.

器都是当时日常生活中的用品。尽管在文献中出现的频率不高，但都有所提及，如玉灯、玉簪子、玉虎子等。《西京杂记》记载高祖刘邦"初入咸阳宫，周行库府，金玉珍宝不可言。其尤惊异者，有青玉五枝灯，高七尺五寸。作蟠螭以口衔灯"。此外，汉代人们还用玉来制作簪子。从考古发掘资料来看，这一习俗早在红山文化时期就已经出现，殷商妇好墓中也曾出土过玉簪子。这一传统一直流传到汉代，甚至在《西京杂记》中还有关于武帝用玉簪搔头的记载："武帝过李夫人，就取玉簪搔头。自此后，宫人搔头皆用玉，玉价倍贵焉。"[1]另一类值得注意的玉器是玉虎子。根据史料记载，汉代讲究之家已经有便盂备用，当时称为虎子。虎子的材料多种多样，包括陶、漆、铜、瓷等。而在皇宫和贵族之家，虎子甚至是用玉做成的。《西京杂记》中就有这样的记载："汉朝以玉为虎子，以为便器，使侍中执之，行幸以从。"[2]这种情况大概只存在于皇宫内部和贵族之家，汉代的普通民众难以拥有如此贵重的器物。这些玉器不仅具有实用价值，更是汉代文化和社会地位的象征。

---

[1]　《燕丹子　西京杂记·卷二》。

[2]　《燕丹子　西京杂记·卷四》。

四、殓葬用玉

汉代的厚葬风气对玉文化的影响深远，造就了大量的丧葬用玉制品。汉人对葬玉的极端迷信，认为玉具有神秘的保护力，是汉代玉器神秘化达到高峰的标志。中国的丧葬之礼源远流长，自旧石器时代的山顶洞文化以来，随葬品如石珠、兽牙已见于考古发掘，表明了早期的丧葬风俗。到了先秦时代，一套完整的丧葬礼制已经形成，汉代则在此基础上进行了承继和发展，产生出葬玉文化。

随着厚葬之风的盛行，玉器用于殓尸和裹尸成为那个时代的一个重要的社会、政治文化和礼仪文化现象。葬玉在汉代变得极为普遍，人们相信使用玉器殓尸可以防止尸体腐化。因此，玉文化在汉代的厚葬风气中得到了充分的发展，葬玉的地位在汉代玉文化中也因此而确立。专为下葬制作的玉器，如玉棺、玉覆面、玉衣、玉冶、玉握和玉九窍塞等，均是为了殓护尸体而设计，反映了汉代对生死的重视和对逝者的尊重。

1. 玉棺

考古学中将玉棺称作"镶玉漆棺"，指的是在表面镶嵌玉片制成的棺木。关于玉棺的古文记载，可追溯至春秋时期楚庄王与优孟的对话，《史记》记载："优孟曰：'马者王之所爱也，以楚国堂堂之大，何求不得，而以大夫礼葬之，薄，请以人君礼葬之。'（楚庄）王曰：'何

如？'对曰：'臣请以雕玉为棺，文梓为椁，楩枫豫章
为题凑，发甲卒为穿圹，老弱负土，齐赵陪位于前，韩
魏翼卫其后，庙食太牢，奉以万户之邑。诸侯闻之，皆
知大王贱人而贵马也'。"[1] 优孟为讽谏楚庄王，请求楚庄
王用雕刻花纹的美玉做内棺，有花纹的梓木做外椁，梗、
枫、豫、樟各色上等木材做护棺的题凑为马安葬。由这
段史料的记载可以推出"雕玉为棺，文梓为椁"在春秋
时期就已经是"人君礼"了。

　　汉代对玉棺的使用也有所记载，《后汉书》中提到：
"（王）乔有神术，每月朔望，常自县诣台朝……后天下
玉棺于堂前，吏人推捧，终不摇动。乔日：'天帝独召
我邪？'乃沐浴服饰寝其中，盖便立覆。宿昔葬于城东，
土自成坟。"[2] 从这些记载中可以看出，汉人认为玉棺不
仅能保护尸体不朽，还被视为死后升天的重要媒介。考
古资料显示，汉代墓葬中确有玉棺出土，如满城汉墓中
刘胜之妻窦绾墓[3] 和徐州的楚王墓中都发现了玉棺。[4]

---

① 　《史记》卷一百二十六《滑稽列传》。

② 　《后汉书》卷八十二上《方术列传》。

③ 　郑绍宗.满城汉墓[M].北京：文物出版社，2003：134.

④ 　狮子山楚王陵考古发掘队.徐州狮子山西汉楚王陵发掘简报[M].
　　文物，1998（8）.

2.玉九窍塞

玉九窍塞是汉代葬玉文化中的一种组合用玉。九窍，即人体的双眼、双耳、双鼻孔、口、肛门和生殖器，在道家观念中，九窍被认为是人体与外界沟通的通道，而玉被视为集天地之灵气的自然圣物，佩戴玉可以辟邪，对于死者而言，玉可以护尸，防止精气外散。因此，用玉塞盖住九窍，可以使精气留在体内，保护尸体不朽。这种信仰在东晋葛洪的《抱朴子》中也有体现："金玉在九窍，则死人为之不朽。"[①] 这说明了在古代人们的心目中，玉九窍塞具有非常重要的地位。

玉九窍塞最早出现在战国末年，但在西汉之前并无完整的形式。例如，西安北郊曾发掘出西汉时期的玉蝉、玉鼻塞等六件玉九窍塞的组成部分。西安交通大学西汉壁画墓也曾出土了包括玉蝉、玉耳塞、玉鼻塞和玉肛门塞在内的八件玉九窍塞的部分。直到西汉中期，才出现了完整的玉九窍塞，如满城汉墓刘胜夫妇各出土的一套完整的玉九窍塞。

完整的玉九窍塞通常用于与玉衣相配套的殓服中，这种做法典型地反映了汉代高级贵族的丧葬习俗。这些九窍塞的设计通常较为简单，其表面经过抛光处理，但

---

① ［晋］葛洪撰，王明校释.抱朴子内篇校释·卷三·对俗[M].北京：中华书局，1980：45.

并不雕刻任何纹饰，显示出其专注于实用而非装饰的设计理念。具体而言，这套塞子包括眼盖、鼻塞、耳塞（或耳填）、玉环、肛塞和生殖器塞。其中，玉环通常是最常见的部分，而眼盖、鼻塞、耳塞、肛塞、生殖器塞在很多墓葬中可能只部分使用。

　以河北满城出土的中山靖王刘胜及其王后窦绾的墓为例，两者墓中都发现了九窍塞。窦绾墓中的九窍塞是由白玉制作的，尽管玉质较差。而中山靖王刘胜的玉九窍塞则展示了更具体的设计：眼盖为圆角长方形；耳塞略呈八角锥台形；鼻塞设计为圆锥体；口塞主体略呈新月形；肛塞为锥台形；生殖器罩则为圆筒形，并且是由玉琮改制而成，上端加盖用于封闭。（图 2-17）

图 2-17　玉九窍　河北满城刘胜墓出土，引自中国社会科学院考古研究所撰《满城汉墓发掘报告》图九七，线图

3. 玉覆面

"覆面"这一概念的起源可以追溯到西周时期的"幎目"，用于死者面部的遮盖。《仪礼》中有如下描述："幎目用缁，方尺二寸，赪里，著，组系。"郑玄注："幎目，覆面者也。"胡培翚进一步解释："此幎目虽以目为名，亦兼覆面。"[①] 这表明，传统的幎目是由方形的黑色丝绸制作而成，尺寸约为一尺二寸，内部配以红色布料，并在四角设计有绳带，以便系结于头后。

在周朝时期，这种被称为"覆面"的物品变成了玉质，代表了周朝的礼仪。据考古发现，周朝和西周时期的墓葬中，玉覆面的出土相当频繁，数量超过四十座，特别是在宗周、周原地区和姬姓诸侯的墓葬中更为普遍。

关于汉代玉覆面的具体记载虽然不多，但是通过考古挖掘，我们得知这一传统在汉代仍然被保留。例如，在山东长清双乳山的西汉时期墓地中，就发掘出了一件独特的玉覆面。（图 2-18）[②] 这个玉覆面很有特点，分别由额、腮、颊、耳等十七块玉片和鼻罩组合而成。眼睛嘴巴由相对玉片对应磨出，并非独片玉罩。形状为脸形，

---

① ［清］胡培翚.仪礼正义[M].引胡匡衷《三礼目录校证》语，段熙仲点校.江苏古籍出版社，1993：1675.

② 山东大学考古系等.山东长清县双乳山一号汉墓发掘简报[J].考古，1973（3）.

非常相像。左右对称，上下协调，部位恰当，浑然一体。

图 2-18　玉覆面　山东济南市长清区双乳山济北王墓出土，引自《考古》1997 年第 3 期，第 6 页图八：4，图版二：2；左为照片、右为线图

　　此外，《汉书》中对于双乳山陵墓主人刘宽的记述为我们提供了更多背景信息："刘宽乃刘胡之子，因'宽坐与父式王后光、姬孝儿奸，悖人伦，又祠祭祝诅上……'[①]而畏罪自杀。"尽管刘宽系因行为不端而自杀，且未能穿戴玉衣，但他作为一位在位十余年的王，其墓地中的这件玉覆面成为他身份的象征，也反映了汉代文化中玉石与道德、身份的密切联系。

　　4. 玉晗

　　按照古礼的要求，在装殓死者时，必须使其口中"饭含"，即不能让死者饿着离去，口中必须含有食物。

----

①　《汉书》卷四十四《济北王传》。

根据《周礼·典瑞》的记载："大丧，共饭玉、含玉、赠玉。"郑玄注："饭玉，碎玉以杂米也。含玉，柱左右颠及在口中者。另《礼记·杂记》中提到'含着，执璧将命'，则是璧形而小耳。"[①] 这说明含玉的形状类似于小型的璧、玉贝或是小玉块。含玉由此成为丧葬制度的一部分。

汉代继承了周礼，继续实行这一制度。按照汉代的丧葬礼制，家属首先要为死者沐浴净身，以示敬爱，然后将尸体装殓入棺。装殓时，必须使死者口中"饭含"。《后汉书》记载："饭含珠玉如礼。"刘昭引用《礼稽命征》注解："天子饭以珠，含以玉；诸侯饭以珠，含以璧；卿大夫、士饭以珠，含以贝。"[②] 这表明不同身份地位的人，在饭含之物上也有所区别。

一般情况下，饭含之物多用玉石珠贝。《说文·玉部》中关于"唅"字的记载："唅，送死口中玉也，从玉从含、含亦声。"[③]《白虎通·崩薨》中也提到："缘生食，今死，不欲虚其口，故唅。用珠宝物何也？有益死者形

---

① [清]阮元校刻，中华书局编辑部.十三经注疏[M].北京：中华书局，1998：678.

② 《后汉书》志第六《礼仪》下。

③ [汉]许慎撰，[宋]徐铉校订.说文解字[M].南京：江苏古籍出版社，2001：11.

体。故天子饮以玉，诸侯以珠，大夫以璧，士以贝也。"[1]
意为，因人活着时需要食物，死后不希望其口空着，所
以使用珠宝等物作为含。这些珠宝对死者的形体有益。
因此，天子含玉，诸侯含珠，大夫含璧，士含贝。"皇
帝有时还会亲自赐予高官大臣珠玉之物，以供饭含之
用。《后汉书·袁安传》记载："朝廷因为袁逢曾担任三
老之职，特别优待他，赐予珠画特诏秘器以及饭含珠玉
二十六品……。"[2]

从大量考古发掘的玉玲来看，大多数玉唅都是蝉的
形状。关于汉代为什么多用蝉做含玉的原因，有的学者
认为可能是因为蝉在其生命周期的幼虫阶段需要在地下
长时间蛰伏，而后地底破土而出，羽化成蝉。对于汉代
人来说这个过程被视为一种神秘的再生象征，类似于灵
魂摆脱尘世之躯，开始新生。因此，蝉成为代表复活与
重生的符号。在这种文化观念下，将玉蝉作为口塞使用，
也象征着对于墓主人的一种期望，希望他们能够通过此
象征达到超脱和仙逝的境界[3]。同时，也有学者认为，古

---

[1] [清] 陈立撰，吴则虞点校.白虎通疏证·卷十一·崩薨[M].北京：
中华书局，1994.

[2] 《后汉书》卷四十五《袁安传》。

[3] 夏鼐.汉代的玉器——搜代玉器中转统的延续和变化[J].考古学
报，1983（2）.

人认为蝉餐风饮露，是高洁的象征。所以，将玉玲制成蝉形置于死者口中，可以防止污秽之物的侵入。[①]

就目前的考古发现而言，玉蝉在丧葬仪式中扮演着重要的角色，它最主要的功能是作为九窍塞之一，即置放在死者口中的殓葬用玉。这种特殊的用途意味着在制作过程中，往往会选择质量较差的玉料来制作玉蝉。这些玉料的颜色大都呈现为青碧色，这在一定程度上与玉质的较差品质相匹配。与较差的玉质相适应的是，玉蝉的制作工艺也相对简略。工匠们多使用砣具等工具，简略地琢磨出长直的线条，以此来描绘蝉的身躯各部分。这种简化的制作工艺既符合殓葬用玉的实际需求，也在一定程度上反映了当时社会对丧葬仪式的观念和态度。

值得注意的是，玉蝉除了作为殓葬用玉之外，还常常作为日常组佩的组件之一。这表明在古代社会中，玉蝉不仅仅承载着对来世再生的象征意义，还具有一定的装饰功能。人们可能将玉蝉佩戴在身上，作为一种饰品或护身符，以期获得某种精神上的寄托或庇护。这种双重功能使得玉蝉在古代社会中具有了更为广泛的文化内涵和象征意义。

---

① 李娟红.＜说文解字＞玉部字所反映的玉文化[J].武汉市经济管理干部学院学报，2004（6）.

5. 玉衣

玉衣是汉代皇帝和高级贵族独有的殓服，其历史经过了产生、发展和最终消失的阶段。最早关于玉衣的记载出现在周灭商之后，《史记》中提及："甲子日，纣兵败。纣走，入登鹿台，衣其宝玉衣，赴火而死。"[①] 这反映了玉衣的早期形态。《仪礼》记载，古时覆盖死者脸部用"布巾""瞑目"，裹首用"掩"，汉代玉衣的头罩可能是由此演变而来。

战国时代已有死者脸上的缀玉覆面和身上的缀玉殓服，这些与汉代玉衣存在一定的渊源关系，但它们并不构成真正意义上的玉衣。文献上没有明确记载玉衣最早出现的具体时间。考古发掘多次出土汉代玉衣，尽管保存完整的仅占少数，大多数玉衣残缺不全，但已出土的玉衣总数超过 22 套，其中西汉时期的玉衣有 11 套，东汉时期的至少有 11 或 12 套。[②]

在探讨玉衣的历史演变时，我们发现文献记载中关于其起源和流行的时间节点至关重要。据《史记》所述，其记录截至汉武帝天汉四年（公元前 97 年），但其中并未提及关于玉衣的任何信息。成书于武帝时期的《淮南子》一书，在论述厚葬时只承袭了《吕氏春秋》中所谓

---

① 《史记》卷三《殷本纪》。

② 卢兆荫.再论两汉玉衣[J].文物，1989（10）.

"含珠鳞施"的说法,也未见"玉衣"一词。由此可推测,葬以玉衣的习俗应该是在武帝之后兴起的。

经过"文景之治",到了武帝初年,汉王朝经历了七十年左右的休养生息,社会经济有了很大的发展。随着经济的发展,统治阶级的生活日益骄奢淫逸,生前穷奢极欲,死后还想继续享受荣华富贵,因此厚葬之风肇始。正是在这种历史大环境下,封建贵族以玉衣为殓服的风气开始出现了,到武帝时期已经到达顶峰。《西京杂记》称:"汉武帝匣上,皆缕为蛟龙鸾凤龟麟之象,世谓为蛟龙玉匣。"①可见,玉衣在当时已经成为一种象征身份和地位的奢华葬具。

皇帝不仅自己使用玉衣,还经常把它作为礼物,赏赐给各地的诸侯王以及朝中受宠幸的大臣。如《汉书·霍光传》载:"光薨,上及皇太后亲临光丧……赐金钱、缯絮,绣被百领,衣五十箧,璧珠玑玉衣,梓宫、便房、黄肠题凑各一具,枞木外臧椁十五具。"②这表明,霍光去世后,汉宣帝赐予了其大量的财物和葬具,其中就包括珍贵的玉衣。

到了东汉时期,玉衣的赏赐范围进一步扩大。《后汉书》载:"及新野君薨,太后自持疾病,至乎终尽,

---

① 《燕丹子西京杂记》卷一。
② 《汉书》卷六十八《霍光传》。

忧哀毁损，事加于常。赠以长公主赤绶、东园秘器、玉衣绣衾，又赐布三万匹，钱三千万。"[1] 这表明东汉和帝皇后邓绥的母亲去世后，汉安帝曾赏赐玉衣以示哀荣。此外，《后汉书·东夷列传》还记载："夫余国，在玄菟北千里。南与高句丽，东与挹娄，西与鲜卑接，北有弱水。地方二千里，本濊地也……兄死妻嫂。死则有椁无棺。杀人殉葬，多者以百数。其王葬用玉匣，汉朝常豫以玉匣付玄菟郡，王死则迎取以葬焉。"[2] 这表明，东汉朝廷还将玉衣作为礼物赠送给少数民族首领。

关于玉衣的形制，历史文献中提供了详尽的描述。据记载，"帝崩，……以玉为襦，如铠状，连缝之，以黄金为缕，腰以下以玉为札，长一尺，（宽）二寸半，为柙，下至足，亦缝以黄金缕。"[3] 这描绘了皇帝驾崩后所使用的玉衣：以玉片为襦，形状类似铠甲，用黄金线缝连。从腰部以下，用长一尺、宽二寸半的玉片作为札，制成匣状，直至足部，同样以黄金线缝合。

对于王侯的葬礼，玉衣的规格稍有不同，但依然体现了尊贵与庄重。"王侯葬，腰以下玉为札，长尺，广

① 《后汉书》卷十上《皇后纪》。

② 《后汉书》卷八十五《东夷列传》。

③ 《后汉书》志第六《礼仪》下注引《汉旧仪》。

二寸半；为匣，下至足，缀以黄金缕为之。"①这表明王侯的玉衣在腰部以下也使用玉札，尺寸与皇帝的玉衣相同，制成匣状并以黄金线缀合。

葬服用玉在东汉时期已经成为一种制度。《后汉书》对此有详细记载："大丧。……守宫令兼东园匠将女执事，黄锦、缇缯、金缕玉柙如故事。……诸侯王、列侯、始封贵人、公主薨，皆令赠印玺、玉柙银缕；大贵人、长公主铜缕。"②这显示了不同等级的贵族在葬礼中所使用的玉衣和缕线的差异，体现了严格的等级制度。

当时中央设立了一个专门制作丧葬品的机构，名为"东园"，玉衣就是在其监督下精心制作的。玉衣的使用不仅按照诸侯王、列侯以及功臣贵戚等不同等级颁赐金缕、银缕、铜缕玉衣，而且绝不允许私自制造，违者将受到严厉的惩罚。《后汉书》中载有一个例子："举劾权贵，或乃死狱中。有宦者赵忠丧父，归葬安平，僭为玛瑙、玉匣、偶人。穆闻之，下郡案验。吏畏其严明，遂发墓剖棺，陈尸出之，而收其家属。"颜注："玉匣长尺，广二寸半，衣死者自腰以下至足，连以金缕，天子之制也。"③这个案例表明，当时对于玉衣的使用有着极其严

---

① 《后汉书》卷三十四《梁统列传》。

② 《后汉书》志第六《礼仪》下注引《汉仪注》。

③ 《后汉书》卷四十三《朱晖传》。

格的限制。

玉衣葬服在经历了一个萌芽、发展、鼎盛的时期后，于东汉时期逐渐衰落。这一衰落与东汉晚期政治的衰败有着密切的关系。在东汉时期，厚葬之风盛行，京师贵戚、郡县豪吏竞相靡费，丧葬逾制已经成为一种社会风气。尽管汉光武帝建武七年（公元 31 年）、明帝永平十二年（公元 69 年）、章帝建初三年（公元 78 年）、和帝永元十一年（公元 99 年）及安帝永初元年（公元 107 年）都曾下诏禁止奢侈厚葬之风，但仍未能有效遏制这一趋势。在攀比奢侈之风的冲击下，玉衣的制作出现了混乱。一方面，朝廷仍然作为颁赐品而制作玉衣；另一方面，私自僭越伪造的现象也屡见不鲜。伪造者不按制度行事，粗制滥造，甚至以时代玉，以鎏金铜缕代替金缕或银缕。从一些较大型的东汉墓中发现的玉、石衣情况来看，其制度已经非常紊乱。到了东汉晚期，由于政治腐败、经济凋敝，发掘诸帝后陵、盗取、劫掠、烧取金缕玉衣的事件频繁发生。《后汉书》载："……及何后葬，开文陵，阜悉取藏中珍物。""又使吕布发诸帝陵及公卿以下冢墓，收其珍宝。"① 此风一开，世人争相仿效，最终出现了两汉帝王陵寝到三国初年都被盗掘的灾难性事实。在这些盗墓者心中，玉衣成为主要的猎获物。

---

① 《后汉书》卷七十二《董卓列传》。

到了三国魏文帝曹丕时代，鉴于统治者用玉匣作为葬服过于奢靡浪费且容易引起后人盗掘的弊端，于黄初三年下了一道终制诏。曹丕在诏中指出："自古及今，未有不亡之国，亦无不掘之墓也。丧乱以来，汉氏诸陵无不发掘，至乃烧取玉匣金缕，骸骨并尽，是焚如之刑，岂不重痛哉？祸由乎厚葬、封树。"[①]因此禁止使用珠襦玉匣。曹丕终制诏后，从考古发掘资料来看，似乎未发现贵族墓葬中出现以玉匣为葬服的实例。玉匣葬服从文景时期出现到魏黄初三年结束，约四个世纪的时间。随着玉衣的禁用，口含珠玉也被禁止，九窍玉塞也就不再使用。可见汉代的葬制由于东汉的灭亡、三国时期的到来而发生了很大的变化。厚葬之风一时被刹住，代表封建帝王高贵权力的玉匣葬服也不再使用，而玉匣的葬制也就此终结。

6.玉握

玉握也称握玉，是死者手中所握的玉器，古人认为死时不能空手而去，要握着财富及权力。西汉中期以前陪葬玉握的种类并没有统一的标准，有玉璜作握、鱼形玉握等，直到西汉晚期，随着葬礼用玉的标准化，"玉握"逐渐统一演变成了形似猪的"玉豚"。猪在古代是祭祀

---

① 　[晋]陈寿撰，[宋]裴松之注.三国志·卷二·文帝纪[M].北京：

　　中华书局，1959.

的重要动物，寓意着丰裕与富足。因此，赋予死者握持玉豚的习俗，是期望他们在另一个世界能够拥有富裕的生活。这些玉豚的造型通常呈蹲伏状态，通过简单的线条雕刻出来，体现了所谓的"汉八刀"技艺。

进入东汉时期，玉豚在头部和尾部各开一小孔，可能是为了便于通过绳带将其固定在手中。其主要的制作目的是供墓主人握持，通常成对出现。由于其在葬礼中的实际用途，这些玉器的制作相对简化，主要强调轮廓而非细节，反映了一种朴素而实用的审美观。这种风格和制作上的简约主要是出于节省成本的考虑，同时也因为这类玉器主要采用质地较差的青碧玉。

从考古发掘的资料来看，握玉在我国西周时期就已经出现，如虢国墓地曾发现墓主两手各有握玉[1]。春秋时期的墓葬也有发现握玉，如山东长青仙人邿国贵族墓葬，春秋早期，两手各握玉觿1件[2]。东汉刘熙在《释名·释丧制》中提到："握，以物著尸手中，使握之也。"[3]这说明，汉人继承了周代的传统，继续采用这种做法。至于玉猪的使用，文献和考古资料表明，它们在汉代广泛被

---

[1]　河南省文物考古研究所，三门峡文物工作队.上村岭虢国墓地M2006的清理[J].文物，1995（1）.

[2]　山东大学考古系.山东长青仙人台周代墓地[J].考古，1998（9）.

[3]　[汉] 刘熙.释名疏证补·卷八[M].上海：上海古籍出版社，1984：15.

采用，并且使用时长较长。《颜氏家训·终制篇》载："吾当松棺二寸，衣帽已外，一不得自随，床上唯施七星板，至如蜡弩牙、玉豚、锡人之属，并须停省，粮罂明器，故不得营，碑志旒旐，弥在言外。"① 可见直到南北朝时期玉握在殓葬中还在使用。

7.其他随葬玉器

汉代的葬俗不仅包括特殊设计的玉器，专门用于覆盖死者，以保护及装饰尸体，还包括其他类型的随葬玉物，如玉圭、玉璋和玉璧。这些随葬品的存在。《汉书》中也有具体的记载："贤自杀无辜，死后父恭等不悔过，乃复以沙画棺四时之色，左苍龙，右白虎，上着金银日月，玉衣珠璧以棺，至尊无以加。"② 以玉璧殓尸早在良渚文化时候就开始实行了，新石器时代晚期良渚文化墓中，玉璧成组摆放在逝者头部、头两侧、胸腹上或配置身上。可以看出汉代在葬玉上继承了良渚文化的传统。《周礼·春官·典瑞》中，详细记录了葬礼中使用的玉器及其布置方式，如郑玄注解所述："圭在左，璋在首，琥在右，璜在足，璧在背，琮在腹，盖取像方明神之

---

① [北齐] 颜之推.颜氏家训[M].上海：上海书店出版社，1992：44.

② 《汉书》卷九十三《佞幸传》。

也。"^①贾公彦注释："于大敛焉加之也者，以其六玉所与玉为饰，明在衣裳之外，故知在大敛后也……又按：《大宗伯》，璧礼仪，琮礼地。今此璧在背在下，琮在腹在上，不类者，以背为阳，腹为阴，随尸腹背而置之，故上琮下璧也。云疏璧琮者，通于天地者。天地为阴阳之主，人之腹背象之，故云疏之通天地也。"^②我们可以看出，汉代以璧殓尸的做法，完全是按照《周礼》之制，先穿玉衣大殓，然后行玉璧殓尸之礼，除了不再用琮，其他所有做法同《周礼》完全一致，而《周礼》的这一套理论又来源于良渚文化的实践，所以我们可以看出殓尸在汉代并不单纯是安放尸体，它还是导引升天的一种仪式，是飞天成仙的手段，是时，飞天成仙思想蔓延整个社会，所以就不难理解为什么汉代棺顶以及尸体上都要放置玉璧了。

① ［清］阮元校刻，中华书局编辑部.十三经注疏[M].北京：中华书局，1998：778.

② ［宋］马端临.文献通考·卷一百二十[M].北京：中华书局，1986年影印本.

第三章

汉代玉文化解析

自从中国玉文化诞生起，它便超越了单纯文化现象的范畴，而显现出显著的政治特征。要深入理解汉代玉器艺术内涵的本质，必须了解汉代社会、政治及文化环境。从历史记录和学者的分析来看，汉代的政治体制和社会文化框架主要呈现出以下五个方面的特色：继承秦朝制度、承袭楚国风气、独尊儒学、道教神仙思想以及歌舞盛行的社会风气。这些因素均对汉代的玉文化造成了深远的影响。

第一节　汉代政治礼法的影响

尽管秦朝统一中国后，仅维持了十五年便灭亡，但它所确立的统治体系和模式对后世影响深远，尤其在西汉早期，"汉承秦制"的特征尤为明显。汉朝采纳了秦朝的大多数制度，并在政治体制上延续了秦的体制，实行三公九卿制和郡县制。如《汉书》所述："秦兼天下，建皇帝之号，立百官之职。汉因循而不革，明简易，随时宜也，其后颇有所改。"① 此外，为保持社会等级，高祖继续实行秦朝的二十级爵位制度，《汉官六种》记载："汉承秦爵，二十等，以赐天下。……汉承秦郡，置太守，治民断狱。"② 在军事制度上，汉朝亦继承了秦的兵制，《汉书》记载："（秦）用商鞅之法，……月为更卒，已复为正一岁，屯戍一岁，力役三十倍于古。……汉兴，循而未改。"③ 在秦的法律基础上，高祖还制定了新的法律，即著名的《九章律》，同时仿照秦朝建立了一套礼仪制度。关于历法，《汉书》记载："战国扰攘，秦兼天下，末遑暇也，亦颇推五胜，而自以为获水德，乃以十月为正，色上黑。汉兴，方纲纪大基，庶事草创，袭秦正朔。"④ 因此可以看出，"汉承秦制"主要反映在礼法制度上。汉高祖刘邦的治理策略虽与秦王朝有所不同，但这些差异正是从秦朝的失败中吸取教训后总结、制定、实施的。

---

① 《汉书》卷十九上《百官公卿表》。
② ［东汉］卫宏，［清］孙星衍等辑.汉官旧仪二卷补遗一卷[M].北京：中华书局，1990：48—51.
③ 《汉书》卷二十四上《食货志》。
④ 《汉书》卷二十一《律历志》。

通过这些措施，一个统一的中央集权封建帝国得以再次建立。

　　而秦文化的发展深受周文化影响，特别是在周代礼乐制度的严格等级体系方面。虽然春秋时期的用玉制度部分地延续了《周礼》的传统，但其严格性和制度化已有所减弱。《周礼》中以玉祭神的传统礼制还是被保存下来了，虽然宫廷仪仗玉器已经少见，但是政治场合用玉依然存在，最明显的特征就是都有文献记载秦皇汉武都曾用玉器去祭祀过天地。

　　首先是秦始皇，他为了显示统一中国功绩，以及至高无上的神圣皇权，在公元前 219 年，亲赴泰山顶实施封禅礼，又到梁父山上进行禅礼，封禅礼结束后立碑以记载自己的功绩。进入汉代，封禅之礼受到各位皇帝更深层次的重视。特别是在汉武帝时期，他强调："其来年冬，上议曰：'古者先振兵泽旅，然后封禅。'乃遂北巡朔方，勒兵十余万，还祭黄帝冢桥山，释兵须如……既至甘泉，为且用事泰山，先类祠泰一。自得宝鼎，上与公卿诸生议封禅。"①从元封元年起，每隔五年，汉武帝必登泰山封禅祭天，前后达五次之多，可见武帝对封禅之礼的重视。《汉书》中记载了汉武帝祭祀时的盛大规模"立今文五之牲鸟兽三千余种"，如此淫祀，即使

①　《史记》卷十二《孝武本纪》。

在先秦史上也是少有的。汉武帝不仅热衷于神仙方术还独尊儒术，此时的儒学经过董仲舒的全面改造，已经杂糅了"阴阳五行"等诸多思想理念。[①] 此外，董仲舒改造的儒学思想还充满了"天人合一"的理念，所谓"天人感应"，"究天人之际"的重要环节就是天子的封禅。《汉旧仪》描述了封禅的细节："汉法，三岁一祭于云阳宫甘泉坛。以冬至日祭天，天神下，三岁一祭地于河东汾阴后土宫，以夏至日祭地，地神出，祭五帝于雍畴。"又曰："祭天用六彩绮席，六重，上一丈，中一幅，四周缘之。玉几，玉饰器。"[②] 封禅就是天子祭祀时把要和天说的话记录下来，实质就是统治者希望自己的事迹可以流传至后世，如《汉书·爰盎晁错传》曰："臣窃观上世之传，若高皇帝之建功业，陛下之德厚而得贤佐，皆有司之所览，刻于玉版，藏于金匮，历之春秋，纪之后世，为帝者祖宗，与天地相终。"[③] 这是统治阶级的普遍心态。祭天讲究"天人合一"的纯粹，用玉便很好地说明了玉出淤泥而不染的本质以及不会腐朽的特征。汉武帝曾多次封禅，在史书中也都有专门记录，汉代封禅

---

① 《汉书》卷二十五下《郊祀志》。

② ［东汉］卫宏，［清］孙星衍等辑.汉官旧仪二卷补遗一卷[M].北京：中华书局，1990：57.

③ 《汉书》卷四十九《爰盎晁错传》。

都用到玉牒书,玉牒即玉策,"书玉板之策,引白气之异。于西郊责躬求愆, 谢咎皇天, 消灭妖气。"李贤注:"书祝词于玉板也。"① 玉牒书是指帝王封禅所用的文书,写在简牒上,用玉作装饰。

《史记》中对封禅仪式的细节也做了描述:"……木禺车马一驷,各如其帝色。黄犊羔各四,珪币各有数,皆生瘗埋,无俎豆之具。三年一郊。秦以冬十月为岁首,故常以十月上宿郊见……"张守节在《正义》中注释道:"豆以木为之, 受四升, 高尺二寸, 漆其中。大夫以上赤云气画,诸侯加象饰口足,天子玉饰之也。"② "十一月辛巳朔旦冬至,昧爽,天子始郊拜太……有司奉瑄玉嘉牲荐飨。是夜有美光, 及昼, 黄气上属天。……四月,还至奉高。上念诸儒及方士言封禅人人殊, 不经, 难施行。天子至梁父,礼祠地主。乙卯,令侍中儒者皮弁荐绅,射牛行事。封泰山下东方, 如郊祠太一之礼。封广丈二尺,高九尺,其下则有玉牒书,书秘。"③ 礼祭华山、嵩山,登临泰山、岳山, 巡幸东海, 绝少不了置玉璧、埋玉圭,连宫廷侍从和随行儒生都必须戴皮弁、执玉笏。另外,《汉礼器制度》中的记载显示了封禅仪式中使用的各种礼器

---

① 《后汉书》卷三十下《郎妖襄楷列传》。

② 《史记》卷二十八《封禅书》。

③ 《史记》卷二十八《封禅书》。

和服饰的规范："弁冕以木为体，长尺六寸，广八寸。绩麻三十升布，上以玄，下以纁，前后有旒。尊卑各有差等。天子玉筓朱纮，冕制，皆长尺六寸，广八寸，汉礼器制度，饰棺，天子龙、火、黼、黻皆五列。又有龙翣二，其戴皆加璧。"① 这一切礼节都源之于以玉祀神的传统礼制，可以想象当时所用玉器的数量一定不会少。

秦代在举行重大活动或发生重大事件时，皇帝、王侯大臣们都习惯佩戴玉。《史记》载："子婴度次得嗣，冠玉冠，佩华绂，车黄屋，从百司，谒七庙。"② 汉代也继承了秦代的这一传统，在重大节日或活动时，皇帝和大臣们同样会佩戴玉。《汉书》记载："平帝疾。莽作策，请命于泰畤，戴璧秉圭，愿以身代。藏策金縢，置于前殿，敕诸公勿敢言。"③《后汉书》也有相关描述："二年春正月辛未，宗祀光武皇帝于明堂，帝及公卿列侯始服冠冕、衣裳、玉佩、绚屦以行事。"④ 此外，《后汉书•舆服志》进一步详述："至孝明皇帝，乃为大佩，冲牙双璃璜，皆以白玉。乘舆落以白珠，公卿诸侯以采丝，其玉视冕

---

① ［汉］舒孙通撰、［清］孙星衍校集.汉礼器制度[M].北京：商务印书馆，1939：1.

② 《史记》卷六《秦始皇本纪》。

③ 《汉书》卷九十九上《王莽传》。

④ 《后汉书》卷二《显宗孝明帝纪》。

旒，为祭服云。"^① 这些记载都是汉承秦制在玉器使用上的具体表现。

第二节　汉继楚风的影响

　　汉文化具有多源性的特点，它在政治、经济、法律、朝仪和宗庙礼仪等方面，承袭了秦制，而在指导思想以及文学艺术的主要方面，却不同于先秦北国，而是从楚文化中得到滋养。在秦朝多源的文化中，占据正统地位是中原文化和齐鲁文化，"好巫信鬼"的荆楚文化只能算是旁支侧系。到了汉代，发生了重大变化，汉文化主要继承了楚文化。"楚人把半壁河山丢给了秦人，然而，曾几何时，他们却从秦人手里夺来了一统天下，建立了汉朝。"^② 秦末农民起义的主力基本都是楚人，他们掀起了一股复楚文化的浪潮，如起义时用的官名——令尹、司马、上柱国、廷理等都是楚国旧有的官名。

　　刘邦出于稳固政权的考量，巧妙地借助了楚地崇尚

---

① 　《后汉书》志第三十《舆服》下。

② 　张正明.先秦的民族结构、民族关系和民族思想[J].民族研究，1983（5）.

红色的习俗，自称为赤帝之子，并编织了赤帝子斩杀白帝子的神秘传说。他对楚地的服饰和文化情有独钟，深爱楚歌，一句"大风起兮云飞扬"成为流传至今的佳句。进入汉武帝时期，武帝本人在精神追求和生活习惯上，都深受楚文化的影响。例如，汉朝时期对"太一"神的尊奉在武帝时期达到了顶峰，而"太一"正是楚人心中至高无上的天神，楚国诗人屈原所著《东皇太一》被编入《楚辞·九歌》中。此外，汉人崇尚巫术和祭祀的风俗，也在武帝时期表现得最为显著，而崇巫好祠也是楚人的旧俗。武帝曾即兴创作《秋风辞》，这篇辞赋既是地道的楚辞，其中一些句子甚至是对楚辞经典佳句的巧妙化用。例如，"秋风起兮白云飞"一句，便显然是化用刘邦的"大风起兮云飞扬"。汉武帝热爱阅读赋文，而汉赋正是从楚辞中逐渐演变而来的一种文学形式。这足以说明，尽管汉武帝推行了"罢黜百家，独尊儒术"的政策，但楚文化并未因此而消亡。相反，它已经与其他地域文化一起，融入了更加广泛、更加多元的汉文化之中。

汉继楚风对玉器的影响主要表现在汉代用于"引魂升天"的丧葬玉的鼎盛，以及神仙鬼怪等辟邪玉的大量流行。楚人崇巫，喜好与鬼神打交道，并认为与鬼神沟通的最佳方式就是祭祀。在楚人的祭祀对象中，祖先、山川、星辰、群神、万物等都占据重要地位，尤其是祖先和山川更是受到楚国宫室的格外重视。楚人对祖先的鬼神怀有深厚敬畏，他们认为鬼神是可以被人民联系的，只要人们以正确的方式进行祭祀，即便面对再强大的鬼神也能顺利地沟通，且还能够得到鬼神的庇佑。战国时期的文献大量记载了楚人崇敬鬼神的事迹，而屈原的《天问》和《离骚》更是记录了大量的神话传说。马王堆出土的彩绘帛画生动描绘了天上、人间、地下的奇异场景，其中包括龙的飞腾、骑兽的奔跃、鹤的飞鸣，以及巨人托顶、主仆虔诚等细节，这些都深刻反映了楚人信奉鬼神的传统信仰。这些画面与《楚辞》中的《招魂》等篇章所描绘的天上、人间和幽都的奇异景象有着惊人的相似性，从中我们可以探寻到其内在的思想联系。西汉大一统以后，原楚文化中的鬼神迷信曾充斥于汉代的文艺创作中，而且汉初的君臣多以楚人为主干，为楚文化的传流，又起了推波助澜的作用。汉高祖刘邦酷爱楚歌，楚舞，楚汉相争的决战时刻，他用"四面楚歌"向敌项羽展开心理攻势。汉人继承了楚人的传统信仰，崇尚黄老之术，迷信谶纬之言，热衷于祭神拜鬼，祈求长生永乐。《史记》记载："自威、宣、燕昭使人入海求蓬莱、方丈、瀛洲。此三神山者，其传在渤海中。……诸仙人及不死之药皆在焉。"① 秦始皇和汉武帝都曾派人前往传说中的蓬莱仙岛寻求不死之药，然而求药无果，最

---

① 《史记》卷二十八《封禅书》。

终都难免一死。于是，他们开始幻想能够羽化升仙，飞入天国。据《汉书》记载："或言黄帝时建华盖以登仙，莽乃造华盖九重，高八丈一尺，金瑵羽葆，载以秘机四轮车，驾六马，力士三百人黄衣帻，车上人击鼓，挽者皆呼'登仙。莽出，令在前。"[1]这些对鬼神的迷恋，对升仙的痴狂都体现在汉代的艺术品上，汉代出土的大量的帛画、玉器、石画像等都揭示了楚国思想对汉代的深远影响。

楚人的玉器使用情况在屈原的楚辞中也有所体现。例如，《九歌·东皇太一》中描述："吉日兮辰良，穆将愉兮上皇。抚长剑兮玉珥，璆锵鸣兮琳琅。瑶席兮玉瑱，盍将把兮琼芳。"[2]另外，《九歌·大司命》中也有提及："灵衣兮被被，玉佩兮陆离。"[3]而在《九歌·国殇》中则写道："霾两轮兮絷四马，援玉枹兮击鸣鼓。"[4]这里的玉珥、玉瑱、琳琅、琼芳、玉枹都是指代不同用途的玉器。

由此可见，汉代玉器明显受到楚文化的影响，表现

---

① 《汉书》卷九十九下《王莽传》。

② ［北宋］洪兴祖捷，白化文等点校.楚辞补注[M].北京：中华书局，1983：55—56.

③ ［北宋］洪兴祖捷，白化文等点校.楚辞补注[M].北京：中华书局，1983：70.

④ ［北宋］洪兴祖捷，白化文等点校.楚辞补注[M].北京：中华书局，1983：82.

之一就是出现了大量奇特且富有想象力的造型，如人面兽身、人身双翅等形象。这些造型反映了当时人们对神秘、奇异事物的浓厚兴趣。同时，由于鬼神思想在汉代非常盛行，因此出现了大量用于辟邪的玉器，如玉刚卯、玉辟邪、玉翁仲、司南佩等。这些玉器被认为具有驱邪避凶的作用，可以保护佩戴者的安全和健康。汉代社会还提倡孝道和厚葬之风，人们希望通过大量玉器陪葬来实现尸体的不朽，并让死者在阴间继续享受荣华富贵的生活。这种观念进一步推动了丧葬用玉的发展，使其成为历史上最为鼎盛的时期之一。这一现象的出现离不开西汉时期繁荣的玉器制造业和楚人尚鬼神的思想对汉代人的深远影响。

第三节　独尊儒术的影响

汉初的统治思想是黄老之学，无为而治，但到了汉武帝刘彻时期，这一状况发生了改变。尽管刘彻在黄老之学盛行的文景时期长大，但他深受儒家思想的影响，他的老师、太子太傅卫绾就是一名儒生。当武帝即位时，社会经济已经得到了很大的恢复和发展。武帝依靠文、景两代积累的财富，大事兴作。与此同时，随着地主阶级和国家力量的增强，对农民的压迫和剥削也在增加，农民与地主阶级之间的矛盾日益尖锐。因此，进一步加强中央集权制度成为封建统治者的迫切需求。在这种背景下，主张清静无为的黄老思想已不能满足政治需求，且与汉武帝的雄心壮志相冲突。董仲舒则吸收了道家、法家的元素，改革儒学，增添了"君权神授"和大一统的思想，这不仅有利于加强封建中央集权，巩固国家，也有利于社会稳定。因此，从此儒家思想逐渐成为封建社会的主导思想。

儒家思想的加强与巩固促进了玉德思想的延续和变化。"君子贵玉""君子比德于玉"的玉德思想在西汉时期非常流行。这种思想并非始于西汉，而是古已有之。《孔子家语》中记载："非为玉之寡故贵之，珉之多故贱之。夫昔者君子比德于玉：温润而泽，仁也；缜密以栗，智也；廉而不刿，义也；垂之如坠，礼也；叩之，其声清越而长，其终则绌然，乐矣；瑕不掩瑜，瑜不掩瑕，忠也；孚尹旁达，信也；气如白虹，天也；精神见于山川，地也；圭璋特达，德也；天下莫不贵者，道也。《诗》云'言念君子，温其如玉'，故君子贵之也。"[①] "玉贵珉贱"说，表明了儒家对玉的珍视，并非仅仅因为其稀有，

---

① ［魏］王肃注.孔子家语·卷八·问玉篇[M].引自《百家全书》上册，杭州：浙江古籍出版社，1998.

而是因为其具有与君子的十一种品性的相似。此外，《淮南子》中也有关于玉德的描述："昆山之玉瑱，而尘垢弗能污也。"①《淮南子》又载："故目观玉辂琬象之状，耳听白雪、清角之声，不能以乱其神；登千仞之谷，临爰眩之岸，不足以滑其和。譬若钟山之玉，炊以炉炭，三日三夜而色泽不变。则至德天地之精也。是故生不足以使之，利何足以动之？死不足以禁之，害何足以恐之？明于死生之分，达于利害之变。"②这段话用比喻的方式，形象地描绘了玉的纯洁无瑕，即使身处污浊之中也不会被玷污。同时，玉的坚韧和不变，即使面临生死利害的考验，也能保持其本色。由此可见汉人崇拜玉的品德已经到了很深的地步。汉人对玉器近乎迷信的态度是可以理解的，因为儒学对此做了很大的渲染。贾谊在《新书》中也提到了玉与德的关系："德有六理，何谓六理？曰道、德、性、神、明、命。此六者，德之理也。诸生者皆生于德之所生，而能像人德者，独玉也。写德体，六理尽见于玉也，各有状，是故以玉效德之六理。泽者鉴也，谓之道；腜如窃膏，谓之德；湛而润，厚而胶，谓之性；康若泺流，谓之神；光辉谓之明；礜乎坚哉，谓之命。此之谓六理……德毕施物，物虽有之，微细难识。

---

① 《淮南子》卷十四《诠言训》。

② 《淮南子》卷二《俶真训》。

夫玉者，真德象也。六理在玉，明而易见也。是以举玉以谕物之所受于德者，与玉一体也。"① 汉代文献大量记载玉德学说，可见独尊儒术在汉代统治阶级中掀起了一股尊玉爱玉的高潮。

董仲舒将儒学推向正统官方学术地位，也将用玉文化完全融入他所创的儒学体系当中。《春秋繁露》载："凡执贽：天子用畅，公侯用玉，卿用羔，大夫用燕。"② 等级高才有用玉的资格，《白虎通义》也有记载："臣见君有贽何？贽者，质也，质己之诚……王者缘臣予之心以为之制，差其尊卑以副其意也。致己质诚也，公侯以玉为贽者，取其燥不轻，湿不重也。明公侯之德全也。"③不仅如此，依据官品等级的高低，其所用玉也有厚薄之分，从"玉厚九分"到"玉厚六分"不等。对于玉德，自然也是儒家最重视的本质。"玉有似君子。子曰：人而不日如之何，如之何者，吾末如之何也矣。故匿病者，不得良医，羞问者，圣人去之，以为远功而近有灾，是则不有，玉至清而不蔽其恶，内有瑕秽，必见之予外。故君子不隐其短，不知则问，不能则学，取之玉也。君

---

① ［汉］贾谊.新书·卷八·道德说[M].上海：上海古籍出版社，1989.

② 《春秋繁露》卷十六《执贽篇》。

③ 《白虎通琉证》卷八《瑞赞篇》。

子比之玉，玉润而不污是，仁而至清洁也；廉而不杀，是义而不害也；坚而不蓉，过而不濡，视之如庸，展之如石，状如石，搔而不可从烧，洁白如素而不受污，玉类备者，故公侯以为赞。"[①] 儒家在祭祀等礼仪活动中坚持用玉，就是看中了玉洁白不受污，可以经久不腐的特点。儒家文化对玉德尤为重视，其对汉玉文化影响最大的就是促进了装饰用玉在全国范围内的大量佩戴和流行。而要说变化，就在于"玉德"与"玉符"关系的变化。古人辨玉，首"德"而次"符"。所谓"德"，是指玉的质地或本质；所谓"符"，是指玉的颜色。辨别玉的真伪，主要依据玉的质地，而不是依据玉的颜色。所以，地质科学史专家章鸿钊曾说："言德尚矣，言符末也。"[②] 先秦文献只谈玉德，不谈玉符。《礼记》的"十一德"，《管子》的"九德"，荀子的"七德"，其内容基本上是以儒家学派的道德信条附会于玉的各种物理性能，范围只限于玉的质地，都未涉及玉的颜色，玉的外观美。

两汉时期，"玉德"思想已经发展得较为成熟，同时，在玉的质地与其外观美的关系，即"玉德"与"玉符"的关系上，人们的观念也经历了显著变化。西汉时，

---

① 《春秋景露》卷十六《执赞篇》。

② 章鸿钊；《石雅》第三卷《玉类》，上海古籍出版社，1993年。

刘向在《说苑》中记载："玉有六美。"① 这里他并未使用"六德"一词，而是选择了"六美"，当时已经开始认识到玉的"德"与"美"是统一且不可分割的。至东汉时期，人们对玉的外观美有了更深入的认识。许慎在《说文解字》中阐述："玉，石之美有五德者。"② 这表明，当时人们认为玉与石的区别在于两个必要条件：一是"美"，二是具备"五德"，这两者缺一不可。这种看法将玉的外观美提升到了与"玉德"同等重要的地位。因此，可以看出，从"首德次符"的传统观念到汉代，已经有了明显的变化和发展。汉代人们不再仅仅强调玉的质量，而是开始并重其外观美，从而形成了"德符并重"的新观念。

关于玉符，古代文献中已有详尽的阐述。如《正部论》所云："或问玉符，曰：赤如鸡冠，黄如蒸栗，白如猪脂，黑如纯漆，玉之符也。"③ 这里详细描述了玉符的四种颜色标准，即赤红如鸡冠、黄如蒸熟的栗子、白如猪脂、黑如纯净的漆，这些都被视为玉的符号特征。

---

① ［汉］刘向撰，赵善诒疏证.说苑·卷十七·杂言[M].上海：华东师范大学出版社，1985.

② ［汉］许慎撰，［宋］徐铉校订.说文解字[M].南京：江苏古籍出版社，2001：10.

③ ［汉］王遇：《正部论》，玉函山房辑本。

同样地，曹丕在为储君时，得到钟繇所赠的玉玦，并在《与钟大理书》中赞美道："窃见玉书称美玉，白如截肪，黑譬纯漆，赤拟鸡冠，黄侔蒸栗。"[①]他的描述与《正部论》中的叙述不谋而合，都强调了美玉的多种颜色，并对其颜色之美给予了高度评价。王逸和曹丕在论述玉时，不云玉德，只叙玉符，指出美玉有白、黑、赤、黄诸色，对玉的颜色美给予了很高的评价。这表明在东汉后期，人们对玉的认识已经发生了显著的变化。在评价美玉时，人们已经无法忽视其颜色和外观美，这些因素与玉德一样重要。因此，可以说在东汉末期，玉德与玉符的关系经历了更为显著的变化。人们在认识和理解美玉时，已经将其颜色和外观美作为不可或缺的考量因素。[②]这也反映了人们对美的追求和审美观念的不断发展和演变。

---

①　[汉]萧统编，[汉]李善注.文选·卷四十二[M].上海：上海书店出版社，1988.

②　卢兆荫.玉德·玉符·汉玉风格[J].文物，1996（4）.

第四节　道家升仙思想盛行的影响

汉代是我国巫术史上一个承前启后的关键时期，上至帝王，下至布衣，无不热衷于此。首先这是由于汉人受楚文化和齐鲁文化影响所造成的。齐鲁文化在汉文化中的影响是不可低估的，对中国封建社会的政治思想、文化学术和社会意识影响深远的经学来自齐鲁文化。汉人的思想骨干，是阴阳五行，而阴阳五行说也是齐人的发明。汉代流行的神仙之术，大多发源于齐。齐文化除了富于综合的特色，又具有浪漫色彩，与楚文化颇为相似，所以易为汉人吸收。因而经学作用了汉人的学术，阴阳五行支配了汉人的思想，宗教风靡了汉家君臣。楚文化本身就是浪漫、富于玄想，如今又有齐文化，汉人吸收了楚、齐文化，如虎添翼，自然对神话神仙迷恋至极。

其次，汉代巫术的盛行也与道家思想对汉人的影响有着密不可分的关系。《史记》记载："……羡门高最后皆燕人，为方仙道，形解销化，依于鬼神之事。"[①]这揭示了当时人们已经开始用"方仙道"来概括方术士的活动。同时，武帝时期开始出现"道士"这一称谓，

---

① 　《史记》卷二十八《封禅书》。

如"台高五十丈，上有九宫，常置九天道士百人也"。[①]
尽管当时的道士与方士界限模糊，但道士已展现出宗教
性特质，对后世道教的正式形成起到了重要的影响。《史
记》中还记载了李少君对武帝的言辞："臣尝游海上，
见安期生，食巨枣，大如瓜。安期生仙者，通蓬莱中，
合则见人，不合则隐。"[②] 这段描述反映了当时人们认为
李少君等人具备招魂引鬼的能力，这种信仰对后来道教
的巫术实践产生了显著影响。道教的产生直接受益于
先秦时期的老子思想及其道家学派。道家理论为那些渴
望心灵安宁的人们提供了慰藉。汉武帝时期，尽管已经
大力推崇儒家学说，但道家和玄学依然受到广泛尊崇，
上层社会及民间都广泛流传着神仙学说。这种现象既符
合王公贵族希望通过修行达到长生不老或死后羽化成仙
来达到永享富贵的目的，也符合平民则寻求精神寄托的
愿望。

　　汉代人对神话升仙思想的迷恋，深刻地影响了玉器
的社会功能的变化。玉器不再仅仅是装饰品或象征身份
的物品，而是成了连接生死、沟通神仙与现实人间的桥
梁。这种转变在某种程度上将玉器在汉代的神化推向了
顶峰，其社会功能也随之扩大和延伸。人们越来越普遍

---

① 　《史记》卷十二《孝武本纪》注引《汉宫阙疏》。

② 　《史记》卷十二《孝武本纪》。

地认为，玉器具有神奇的力量：用于殓尸可以使尸体不朽，佩戴在身上则可以辟邪。西汉时期盛行的神仙学说进一步为玉器披上了神秘的面纱。尽管这一度导致西汉玉器在艺术方向上产生了偏离，更多地服务于方术迷信思想，但客观上却推动了丧葬用玉的完善和发展。因此，汉代人将玉殓制度推向了极致，建立了完备的玉衣殓葬制度。他们不仅在生前使用玉器，而且在死后也大量使用玉器陪葬，以期实现尸体不朽和在仙境继续享受荣华富贵的梦想。

在汉代，升仙思想深入人心，用玉辟邪的习俗也随之盛行。这种思想环境推动了装饰玉器的显著进步。当时，刚卯、严卯、司南佩等吉祥玉器备受青睐，汉人相信佩戴这些玉器能祛病驱鬼，保护自身免受邪恶侵害。司南佩是汉代独有的玉器，呈两节形，顶部装饰有勺形图案。过去，人们普遍认为它仅具有辟邪或指引方向的功能。然而，在造型组合上，除了顶部的勺形被模糊地认为是模仿司南之外，其下面两节主体的象征意义却鲜为人知。有学者提出观点，认为司南佩的主体实际上是玉琮的演变形态。并指出，由于玉琮的核心功能是"黄琮礼地"，司南佩顶上有一勺形司南，史载司南与朝夕以及星辰、日月有关。此外，与司南佩一脉相承的指南针被放置在罗盘中心的所谓"天池"之内，进一步证明了司南与天的关联。因此，司南佩的上部被认为象征天，下部则象征地。这一独特组合巧妙地表达了通天通地、连接天地的重要巫术意义，成为汉代玉器中独特的文化符号。东汉的达官贵人，文人雅士将其佩挂在身上，反映了他们渴望从这件不起眼的小挂件上得到天地之助，以求飞黄腾达的畸形心态[①]。刚卯、严卯得名于开首铭文："正月刚卯""疾日严卯"。《汉书·王莽传》引晋灼曰："刚卯长一寸，广五分，四方。当中央从穿作孔，以采丝（茸）其底，如冠缨头蕤。刻其上面，作两行书，文曰'正月刚卯既央，灵殳四方，赤青白黄，四色是当。帝令祝融，以教夔、龙，庶疫刚瘅，莫我敢当。'其一铭曰'疾日严卯，帝令夔化，顺尔固伏，化兹灵殳。既正既直，既觚既方，庶疫刚瘅，莫我敢当。'"[②]1972年发掘的安徽亳县（今亳州市）凤凰台一号东汉墓出土玉刚卯、玉严卯，上刻铭文与文献中记载基本相同[③]。刚卯和严卯成双佩戴在汉代官员中非常流行，"汉时佩刚卯之制，盖自天子达于庶人。"[④]刚卯、严卯是汉代特有的玉器，人们用之佩戴于身，意在以吉煞凶，祈求祥和平

---

①　张明华.司南佩考[J].故宫博物院院刊，2000（1）.

②　《汉书》卷九十九中《王莽传》注引晋灼曰。

③　亳县博物馆.亳县凤凰台一号汉墓清理简报[J].考古，1974（3）.

④　瞿兑之.汉代风俗制度史[M].上海：上海文艺出版社，1991：308.

安。史料载："刚卯，以正月卯日作佩之，长三寸，广一寸，四方，或用玉，或用金，或用桃，著革带佩之。"[1]王莽篡位时，因为繁体"刘"姓有"卯""金"和"刀"的标记曾经一度禁止佩戴刚卯、严卯，如《汉书》载"今百姓咸言皇天格汉而立新，废刘而兴王。夫'刘'之为字，'卯、金、刀'也，正月刚卯，金刀之利，得皆不得行。"汉朝廷对不同等级的官员佩戴刚卯的质料还专门作了规定。"佩双印，长寸二分，方六分。乘舆、诸侯王、公、列侯以白玉，中二千石以下至四百石皆以黑犀，二百石以至私学弟子皆以象牙。"[2]可见刚卯、严卯虽小，但用途不一般，而且能佩戴白玉刚卯的人，都是地位显赫的王公贵族。

在神仙信仰和道教炼丹术的深刻影响下，汉代甚至已经开始出现食玉的习俗。汉代人相信玉有使人长生不老的功能，相信通过食玉可以实现永远年轻的目的。《三辅黄图》载："……武帝造以求神仙者……以露和玉屑服之，以求仙道。"[3]可见武帝时，汉人已有食玉的习俗。道教以玉为灵物，视为神药。葛洪《抱朴子》载：

---

[1]　《汉书》卷九十九中《王莽传》注引服虔曰。

[2]　《后汉书》志第三十《舆服》下。

[3]　陈直校正.三辅黄图校正·卷三[M].西安：陕西人民出版社，1980：65.

"玉亦仙药，但难得耳。玉经曰：服金者寿如金，服玉者寿如玉也。又曰：服玄真者，其命不极。玄真者，玉之别名也。……董君异尝以玉醴与盲人服之，目旬日而愈。"[①] 又云："今若按仙经，飞九丹，水金玉，则天下皆可令不死。"[②] 这些记载都强调了玉的神奇功效，特别是作为仙药的作用。此外，同期铜镜上的"上大山，见神人。食玉英，饵黄金"[③]，"福喜进兮日以萌，食玉英兮饮沣泉……保长命兮寿万年"[④] 等铭文也表明食器也深受当时普通平民追捧。

食玉在帝王身上表现得也尤为明显。《淮南子》里描述了在不同时节天子吃不同颜色的玉，以与五行相配："天子衣青衣，乘苍龙，服苍玉，建青旗；天子衣赤衣，乘赤骝，服赤玉，建赤旗；天子衣黄衣，乘黄骝，服黄玉，建黄旗；天子衣白衣，乘白骆，服白玉，建白旗；天子衣黑衣，乘铁骊，服玄玉，建玄旗。"[⑤] 这种与五行相配的食玉习俗，进一步证明了食玉在汉代的流行。

① ［晋］葛洪撰，王明校释.抱朴子内篇校释·卷十一·仙药[M].北京：中华书局，1980：185.

② ［晋］葛洪撰，王明校释.抱朴子内篇校释·卷八·释滞[M].北京：中华书局，1980：136.

③ 裘世京.铜镜[M].合肥：黄山书社，1995：32.

④ 孔祥星，刘一曼.中国古代铜镜[M].北京：文物出版社，1984.

⑤ 《淮南子》卷五《时则训》。

　　然而，关于汉人食玉的具体方法，早期文献记载并不多。但是到了魏晋的时候，文献中就出现了不少食玉方法的记载。如一些古籍中提到："玉可以乌米酒及地榆酒化之为水，亦可以葱浆消之为台，亦可饵以为丸，亦可烧以为粉，服之一年已上，入水不沾，入火不灼，刃之不伤，百毒不犯也。"①这些方法包括将玉与酒混合制成饮品，将玉制成药丸或粉剂等多种形式，称长期食用可以达到神奇的效果。另外《论衡》载："闻为道者，服金玉之精，食紫芝之英。食精身轻，故能神仙。若干者食蛤蜊之肉，与庸民同食，无精轻之验，安能纵体而上天？食气者不食物，食物者不食气。若干者食物如不食气，则不能轻举矣。"②把食玉看作升仙的条件，这是吃五谷杂粮办不到的。汉人对食玉的着迷，足可见其对升仙思想的迷信程度有多深。

　　汉人对道家升仙思想的迷恋，对汉代玉器工艺产生了深远的影响。这种影响不仅体现在玉器的设计风格上，更在于其背后所蕴含的文化和哲学思想。

　　汉代玉器工艺的独特之处在于它完美地将人们想

----

① 　[晋]葛洪撰，王明校释.抱朴子内篇校释·卷十一·仙药[M].北京：中华书局，1980：185.

② 　[晋]王充.论衡·卷七·道虚篇[M].引自《诸子集成》第七册.上海：上海书店出版，1986.

象中的浪漫仙境与现实社会结合在一起。通过写实和夸张的手法，汉代玉匠创造出了许多精美绝伦、神奇瑰丽的艺术品，这些作品不仅具有梦幻般的色彩，更展现了汉代人对于道家升仙思想的深深迷恋。在形制上，汉代玉器以粗犷豪放、高度概括为主要特点，舍弃了过多的细节描绘，而注重把握玉器的神韵气质和整体效果。这种设计风格不仅体现了汉代人的审美追求，更与道家思想中的"大象无形""大音希声"等哲学观念相契合。与此同时，作为起源于中国的民间宗教，道教在东汉末年逐渐形成，并在南北朝时期发展成为能与儒、佛教并立的重要宗教流派。道教的思想、教旨和文化都深深植根于中华民族的传统之中，具有鲜明的民族特点。在儒家礼玉制度逐渐衰落的背景下，道教对中国玉文化的贡献尤为显著。它使得玉文化在儒家礼制崩溃的社会环境中得以顽强地延续下去，并在魏晋南北朝时期成为中国玉文化的主要传承载体。[①] 在这个过程中，道教对玉器的崇拜和推崇起到了关键的作用。道教认为玉石具有灵性，可以通神达灵、辟邪驱鬼、保身护命。因此，在道教的宗教仪式和日常生活中，玉器都扮演着重要的角色。这种对玉器的崇拜和推崇不仅促进了玉器工艺的发展和创新，更对玉文化的广泛传播提供了思想基础。

———————————

① 　何松.中国玉文化[J].宝石和宝石学杂志，2005（9）.

总的来说，汉人对道家升仙思想的迷恋对汉代玉器工艺产生了深远的影响，而道教的发展则进一步推动了玉文化的传承和创新。这两者相互作用、相互影响，共同塑造了中国古代玉文化的独特魅力和深厚底蕴。

第五节　歌舞之风盛行的影响

汉人性格豪放、浪漫、豪气、深情，表达感情的方式是自由不羁。《史记》《汉书》《后汉书》等正史对上自帝王下至斗食之吏、庶民百姓，喜好歌舞的记载，比比皆是。无论是飞黄腾达的官僚、负有盛名的学者，还是不求闻达的隐士、仕途坎坷的士人、不拘小节的文人，他们常常是即兴歌舞，抒发自己的激情，或感叹个人命运的悲哀。而宫廷、达官、显贵、富室、巨商迷恋歌舞成为盛行一时的社会风尚。他们家中大都蓄养倡伎、优伶，少则十几个，多则成百上千，于节庆喜筵或日常生活中演出，每有宾客，必有歌舞款待，"崇每候禹，常责师宜置酒设乐与弟子相娱。禹将崇入后堂饮食，妇女相对，优人筦弦铿锵极乐，昏夜乃罢"。[1] 汉高祖刘邦自

_____

[1] 《汉书》卷八十一《张禹传》。

己也喜好歌舞，《史记》载："……置酒沛宫，悉召故人父老子弟纵酒，发沛中几得百二十人，教之歌。酒酣，高祖击筑，自为歌诗曰：'大风起兮云飞扬，威加海内兮归故乡，安得猛士兮守四方！'令儿皆和习之，高祖乃起舞，慷慨伤怀，泣数行下。"①《汉书》记载："家本秦也，能为秦声。妇，赵女也，雅善鼓瑟。奴婢歌者数人，酒后耳热，仰天拊缶而呼乌乌。……是日也，拂衣而喜，奋襄低吟，顿足起舞。"②汉代出土的许多画像石也都记载了汉人好歌舞，四川彭州市出土的一块画像砖刻绘的是一男一女在舞蹈，画面盘六枚分三组置于地上，以两鼓间隔。一舞伎手各曳长巾，正从一鼓向另一鼓舞跃，舞姿妙曼，这应当是夫妇对舞③。

就歌舞之风盛行对汉人用玉的影响，最为明显的是玉舞人在佩饰中的盛行。在汉代，舞蹈大多承袭了楚舞体系，它"以其婉曲流动的艺术美和富于浪漫遐想的强烈色彩，与手执干戚羽旄的中原宫廷舞蹈的庄重典雅风格迥然不同"。这种楚舞的细腻与浪漫，对汉代的审美观念产生了深远的影响。楚舞以细腰为美，这种审美观

---

① 《史记》卷八《高祖本纪》。

② 《汉书》卷六十六《杨恽传》。

③ 萧亢达.汉代乐舞百戏艺术研究[M].北京：文物出版社，1991：196—197.

念在汉代得以延续。《墨子·兼爱中》中甚至提到："昔者楚灵王好士细腰，故灵王之臣皆以一饭为节，胁息然后带，扶墙然后起。此期年，朝有黧黑之色。"这种"楚王好细腰，宫中多饿死"[①]的现象，虽然有些夸张，但确实反映了当时细腰审美的盛行。汉代妇女同样追求纤瘦的身形，这种审美观念在玉雕舞人中得到了生动地体现。从出土的玉雕舞人来看，舞者都是一臂将长袖横向甩过头部，在头顶之上形成一个"S"形曲线美。这种独特的舞姿和佩饰设计，不仅展示了楚舞的细腻、浪漫、飘逸、轻柔的舞姿，也体现了汉代工匠对玉料的精湛雕琢技艺和对美的独特追求。

作为汉高祖刘邦最宠幸的夫人，戚夫人能歌善舞，她婀娜多姿的舞姿、娴静温婉的性格以及美妙的歌喉，都深深吸引了喜好楚声的高祖。戚夫人常歌"'出塞''入塞''望归'之曲，侍婢数百皆习之。后宫齐声高唱，声入云霄，""善为翘袖折腰之舞。"[②] 从"翘袖"与"折腰"的特点来看，这无疑是属于楚舞的风格。同样著名的汉成帝皇后赵飞燕，被描述为"丰若有余，柔弱无骨"，"纤便轻细，举止翩然"[③]。这种对女性美的描绘

---

① 《后汉书》卷二十四《马援传》。

② 《燕丹子西京杂记·卷一》。

③ 《汉书》卷九十七下《外戚传》。

与玉舞人的形象不谋而合，充分表现了汉代舞蹈中"长袖"和"细腰"的两个显著特点。另外，《白虎通义》中记载："佩即像其事。若农夫佩其耒耜，工匠佩其斧斤，妇人佩其针镂，亦佩玉也。何以知妇人亦佩玉？诗云：'将翱将翔，佩玉将将。彼美孟姜，德音不忘。'"[①]这段文字不仅证实了当时的妇人也佩戴玉器，而且从出土的考古资料来看，两汉时期的玉舞人主要出现在诸侯王及其亲属等贵族阶层的墓葬中，且墓主人多为女性。例如，在中山王一、二号墓中，玉舞人仅出现在王后窦绾的墓里，而中山王刘胜的墓中却未发现。由此可见，玉舞人应该是汉代贵族妇女所特别喜爱的一种佩玉形式。

汉代玉舞人的造型特点主要体现在三个方面。其一，玉舞人都作长袖过头顶的姿态，恰如"长袖善舞"之谓。其二，玉舞人的舞姿多变，动态突出，其三，玉舞人的造型概括兼夸张，刀法简洁有力，工艺上呈现出由简到繁的三种类型，雕琢技艺自粗向精发展[②]。这种夸张的造型和简洁的刀法，透过这些雕刻精美的玉舞人，我们不难想象千年以前汉代宫廷和贵族府邸中"嫱媛侍

---

① 　《白虎通琉证》卷九《农裳篇》。

② 　尤仁德.古代玉器通论[M].北京：紫禁城出版社，2002：197.

儿，歌童舞女之玩，充分绮室"①的歌舞场面。汉代歌舞之风的盛行对玉文化产生了重大影响，推动了玉舞人在佩饰在女性装饰中的盛行。同时，这些珍贵的玉舞人文物也为我们研究汉代的舞蹈艺术、审美观念和社会文化提供了重要资料。

---

① 《后汉书》卷七十八《宦者列传》。

第四章

汉代玉器的材料与工艺

　　"天有时，地有气，材有美，工有巧。合此四者，然后可以为良。"[①] 这句话深刻揭示了古代制器工艺的精髓，体现了对自然规律的尊重、对地域特性的认知、对材料美感的追求以及对工艺的精益求精。对于汉代玉器而言，玉料的质地、硬度和属性以及精巧的工艺无疑是形成其特有艺术风格的重要物质基础。汉代玉器以其精湛的工艺、优美的造型和独特的风格而著称于世。这些玉器的制作，不仅需要选用优质的玉料，更需要工匠们运用高超的技艺进行精心的雕琢和打磨，同时这也是形成汉代玉器独特艺术风格的重要基础。

---

① 　周礼·考工记[M].黄侃批校.黄侃手批白文十三经[Z].北京：中华书局，2006：417.

第一节　汉代的玉器材料

《考工记》中提到："审曲面执以饬五材，以辨民器，谓之百工。"[①]这句话明确指出了在制作器物时，对各种材料的深入了解和精准把握是百工的基本功。从矿物学的角度来看，中国玉被定义为宝玉石，并依据其矿物成分被细分为宝石、玉石及彩石三大类别。玉石作为其中之一，主要包括硬玉（如翡翠）和软玉。硬玉是由碱性单斜晶体的辉石类矿物所组成，而软玉则是由透闪石系列的矿物所构成。这两者均属于链状矽酸矿物。中国作为一个玉石资源丰富的国家，不仅玉石种类繁多，矿藏数量庞大，且分布范围极为广泛。《山海经》中便记载了中国古代多达二百余处的产玉地点，尽管《山海经》带有神话色彩，不可尽信，但中国玉石的丰富多样却是不争的事实。在古代，从黑龙江流域到珠江流域，自胶东半岛至帕米尔高原，众多地方都蕴藏着玉矿。现有资料及近年来的研究成果揭示，汉代以前的玉器制作大多采用就地取材的方式，玉石原料来源相当广泛。例如，我国北部的辽东半岛的蛇纹石的使用历史可追溯至距今6000年前；中原地区的南阳独山玉则拥有超过4000年

[①]　周礼·考工记[M].黄侃批校.黄侃手批白文十三经[Z].北京：中华书局，2006：416.

的开采历史。

　　中国古代玉材的概念较为宽泛，当时没有现代地质学的知识来进行鉴别与区分，古人对于玉料的认识主要包含两个方面：质地（玉德）和色泽（玉符）。质地是指玉的硬度、密度、韧性等物理特性，而色泽则是指玉的颜色、纹理、光泽等外观特征。这两个方面共同构成了古人对玉料的全面认识。从儒家对玉德和玉符的理解中可以看出（这两方面在本人在第三章，第三节中已经利用历史文献探讨了儒家对玉德和玉符的理解及阐述，因此不再赘述），"自然界中符合玉德定义的任何岩石都是可以称为玉的，而真玉无论如何是不必仅限于上面两种的（软玉和硬玉）"。[①]因此，可以说汉代所指的玉材，包括软玉（角闪石，主要指和田玉）、蛇纹石、绿松石、玛瑙、水晶、琉璃，等等[②]，甚至颜色鲜艳的大理石、青石也在历史文献中被记载为玉，这大概是汉代玉料的广义解释。目前得到学界公认的是，和田玉占据了汉代玉材的主导地位，玉的观念已经逐渐向和田玉靠拢。出土玉器因功能和内涵不同而在玉料的选取上有所不同。以避邪为主要目的玉刚卯严卯、司南佩，以求像蝉蜕一样灵魂不灭的玉含蝉，以及陕西省出土一些动物圆雕，采

---

①　王春云.玉石的含义，命名与分类研究[J].珠宝科技，1992（2）：17.

②　王春云.玉石的含义，命名与分类研究[J].珠宝科技，1992（2）：17.

用和田羊脂白玉，洁白晶莹、细腻温润；丧葬用玉和玉璧，多采用青玉和碧玉。

余英时先生认为，汉代存在着两种文化传统："大传统"（上层知识阶级的精英文化）和"小传统"（一般人民的通俗文化）[①]"民间思想与正式思想的交流，特别是具有广泛社会意义的交流，不能简单地理解为单向的。当思想史的研究者发现一些来自伟大头脑的伟大思想起源甚卑，有时便可能感到尴尬。"[②]狭义的玉料与广义的玉料概念分属于文化领域的"大传统"和"小传统"。经考古研究表明，新石器时代先民对软玉已有了准确的认识，给涉及祭祀等重大仪式使用玉器提供了基础。从出土玉器来看，礼仪用玉的玉料局限在软玉范畴。商周以来随着玉石之路的畅通以及和田玉料的增多，玉料的选区逐渐向和田玉聚拢。从两汉出土玉器的数量、质量比较来看，东汉远远落后于西汉。这是由于东汉之后东西交往的玉石之路一度被游牧民族的活动所阻，造成和田玉料锐减，玉器雕琢工艺发展缓慢。由于生产力水平及矿藏蕴藏量的限制，和田玉料远远不能满足琢制玉器的供应，对玉社会底层的人民群众来说，和田玉更

---

① 余英时.士与中国文化[M].上海：上海人民出版社，2003：123.

② 余英时著，侯旭东译.东汉生死观[M].上海：上海古籍出版社，2005：4.

是奢侈品。从汉代大量小型墓葬中出土的随葬品大多数量少，形体小，且多为玛瑙、绿松石、大理石质，东汉以后汉白石、滑石器在湖南等地被频繁使用的情况，可以看出广义玉器一定程度上行使了软玉玉器的功能。在"小传统"中，色彩鲜艳、质地润泽的玛瑙、绿松石、大理石等在保护尸身不朽方面同样也有重要作用，在幻化的冥界，这些简单的随葬品同样是死者的护身符及宝贵财富。

目前对出土汉代玉器已进行过数例的地质矿物分析。从分析情况来看，汉代玉料的多源特征较为明显，用料主要为软玉，其中可细分为和田玉、青海玉、蓝田玉和岫岩玉。其中河北省满城县陵山中山靖王墓葬出土的玉衣不是就近取材的岫岩玉，而是和田玉；广州南越王汉墓及江苏省高邮市神居山二号汉墓出土的玉衣大多为软玉，个别玉衣片为假玉。闻广先生认为，江苏扬州西汉"妾莫书"一墓的琉璃衣片以及河北定县东汉中山穆王刘畅夫人大理石片玉衣，都是严格遵守了"天子用全，上公用龙，侯用瓒，伯用埒"。[①] 这应是受汉代广义玉料的影响，在玉料有限的条件下，把极似真玉的假玉作为整个玉衣的极小部分，不影响玉令尸身不腐的

① 闻广.中国古玉地质考古学研究——西汉南越王墓玉器[J].考古，1991（11）：1038.

作用。徐州汉墓出土玉衣片，背面琢刻纹饰，显示玉片为其他玉器改制而成。从汉代迷信奢华的陪葬品结构来看，更注重的是玉保护尸身不腐这一重要功能，玉器使用的等级观念尚在其次。

一、和田玉

新疆自古以产玉闻名遐迩，其细腻温润的和田玉自古便是玉中之瑰宝，深受历朝历代皇室贵族的喜爱。迄今为止，发现的最早的和田玉玉器出土于安阳殷墟妇好墓，这足以证明殷商时期的人们便已经认识到和田玉的美与价值[①]。先秦诸子中的尸子曾对和田玉有过如下描述："玉者，色不如雪，泽不如雨，润不如膏，光不如烛。取玉甚难，三江五湖，至昆仑之山。千人往，百人反。百人往，十人至。覆十万之师，解三千之围。"[②] 这段话虽然主要强调了获取玉石的艰难，但同时也透露出在先秦时期，和田玉已经开始陆续输入到中原地区。

西周时期，和田玉更是成为王室贵胄们在各种礼制活动中的不可或缺的角色。春秋战国以后，随着新疆和

---

① 中国社会科学院考古研究所.殷墟玉器[M].北京：文物出版社，1982.

② 上海古籍出版社.二十二子·尸子下[M].上海：上海古籍出版社，1986：380.

田玉大量涌入中原地区，并逐渐取代其他玉料成为制作玉器的主要材质，其出土量明显增加，质量上乘，分布范围也更为广泛。到了汉代，新疆和田的白玉雕刻制品在内地已广泛流行。《史记·大宛列传》中便有记载："河源出于阗，其山多玉石。"《史记》又载："今陛下得昆山之玉，及其他珍宝，显示秦代未曾有之，而陛下能够得之，这是为何？"这反映出在秦代以前，由于尚未与西域开通商道，新疆的白玉在中原地区较为稀少，因而极其珍贵。然而，汉代张骞出使西域后，开启了与西北诸国的联系，汉朝对西域的多次征讨更是促使东西交通畅通无阻。自那时起，大量新疆白玉开始流入中原，被加工成各种器物。文献记录指出，汉使探至河源，发现其山富含玉石，随后这些玉石被引入中原，并以"昆仑"命名。《西京杂记》记述了汉武帝时期西毒国献上的连环羁，全部用白玉制作，显现出其珍贵和艺术价值。明宋应星的《天工开物》亦赞誉："凡玉入中国，贵重用者，尽出于和阗葱岭。"新疆的白玉主要是质优的和阗玉，古时又称作"昆山玉"或"钟山玉"，其因质地细腻、色泽明亮、坚韧不易破碎而成为极受珍视的玉料。《史记》记载："……代马胡犬不东下，昆山之玉不出，此三宝亦非王有已。"《淮南子·傲真训》中也提到："钟山之玉，经炉碳烹煮三日三夜色泽依旧，反映了其接受天地精华的特性。"古注解中提及"钟山，即昆仑山"。

考古发掘显示，汉代的玉器大多采用乳白色的羊脂玉，这种材质在先秦时代极为罕见，显然源自阗。由此可见，中华民族在漫长的采玉、选玉历程中，经过因地制宜、就地取材以及长期的筛选与比较，最终选择了与众不同的新疆和田玉作为玉器的理想材质。

张骞出使西域后，汉人的脚步开始频繁踏足中亚和西亚，加大了中西文化艺术的交流。一方面，汉朝的丝绸等物产远播中亚、西亚乃至欧洲；另一方面，西域的玻璃制品、稀有矿物以及异域文化也纷纷传入中国。这使得新疆昆仑山的和田玉输入中原的数量大幅增加，同时汉代的玉器也受到了外来文化的深刻影响。例如，犀角形杯、狮形带翼辟邪插座等玉器就明显带有西亚等地文化的印记，展现出独特的异域风情。同时，和田玉以质地纯净，细腻温润，硬度适中的特点成为汉代玉雕的顶级材质，并深深地影响了我国玉文化艺术的发展，至今依然。和田玉所蕴含的丰富自然物理特性，为汉代人带来了深远而富有个性的审美与文化体验，进而催生了佩戴玉器的风尚，推动了汉代玉器审美形式与风格的日臻成熟。新的玉器材质，无疑成为汉代玉器审美形式与艺术风格演进的坚实物质基础。

二、青海玉

青海玉来源位于昆仑山脉东部的。这一地区的青海玉与和田玉在化学成分上非常接近，主要由透闪石和阳起石构成，属于同一类型的玉石资源。昆仑山东部，特别是青海和甘肃地区，位于与和田玉相同的矿带，因此产出大量称作青海玉的玉料。这种玉料在汉代墓葬文物中十分常见，如青玉璧就多数来源于青海地区。例如，陕西咸阳发掘的一尊穿着深衣、拱手立姿的玉人像，虽然是白玉制品，但研究表明其原料并非源自新疆，而是来源于青海地区的昆仑山白玉。

2007年，甘肃地区发现的一处古玉矿遗址[①]，时期跨度从战国到东汉，甚至可能延续到魏晋，证明了该地区作为古代玉料开采场的重要性。该遗址位于肃北县马鬃山镇西北方约二十公里处的河盐湖径保尔草场，覆盖面积大约五平方公里。考察结果显示，该遗址分为采矿区、生活及作坊区和防御设施等几个区域。其中，采矿区包含近百个古代采矿坑，可分为井式、沟式和坑式等不同形式。大量的半成品玉器被发现，其中许多已部分打磨至光滑。出土的玉料近百块，多为经过初步挑选的优质玉料，直径在6厘米～12厘米。因此，可以肯定地说，昆仑山的甘青地区同样是汉代一个重要的玉料供应地。在史料文献和文学作品中，关于蓝田玉的记载屡

---

① 甘肃省文物考古研究所等.甘肃肃北马鬃山古玉矿遗址调查简报[J].文物，2010（10）：27—33.

见不鲜。如汉代乐府《羽林郎》中便有"头上蓝田玉，耳后大秦珠"的描绘；东汉班固的《西都赋》也赞誉道："陆海珍藏，蓝田美玉。"尽管蓝田玉在色泽和质地上稍逊于和田玉，但由于其邻近长安的地理位置优势，汉代时期也进行了大量的开采和利用。

三、蓝田玉

位于古长安（今西安）附近的蓝田，自古以来因产出高质量的玉石而闻名。蓝田玉在中国古代极受重视，是历史上著名的美玉之一。根据《太平御览》中引用的《玉玺谱》的记载，秦朝就已经使用蓝田的水苍玉来制作玉玺。在汉代，关于蓝田玉的描述频繁出现于各种文献中。《汉书·地理志》记载："蓝田，山出美玉。"《后汉书·郡国志》亦提到："蓝田出美玉。"此外，文学作品中对蓝田玉的赞美也屡见不鲜，班固的《西都赋》中提到"陆海珍藏，蓝田美玉"，张衡在《西京赋》中也称赞"爰有蓝田美玉"，而辛延年在《羽林郎》中写道："头上蓝田玉，耳后大秦珠"，这些描述均反映出蓝田玉的珍贵和时尚地位。

四、岫岩玉

岫岩玉产自辽宁省岫岩满族自治县，特别是该县的细玉沟地带因盛产岫岩"河磨玉"而闻名。岫岩玉的形成时期可以追溯到元古代，其主要颜色包括白色、绿色和黄色。成矿的玉石中既有透闪石也有蛇纹石，现代常将它们区分为岫岩玉和岫玉两种类型。古代文献中对辽宁产玉有着众多记载，例如，《尔雅·释地》记载："东方之美者，有医无闾之珣玗琪焉。"晋代郭璞在此注解道："医无闾，山名。今在辽东。珣玗琪，玉属。"另外，《说文解字》中提到："珣，周书所谓'夷玉'也。""玗，石之似玉者。琪，玉也。"明代宋应星在《天工开物》中记载："朝鲜西北太尉山有千年璞，中藏羊脂玉，与葱岭美者无殊异。"这些古文记载展现了岫岩玉自古以来就是珍稀之物，且较受重视。

五、琉璃

琉璃，亦称为流离、玻璃、水晶等，是以石英为主要原料人工烧制成的，作为一种玉的替代品而存在。《抱朴子·内篇·论仙》："外国人作水晶碗，实是五种灰以作之，今交广多得其法而铸之者。"此处的水晶实指琉璃。在《汉书·西域传（上）》中，提及"璧流离"，孟康解释说："流离青色如玉"，而师古补充道："……采泽光润，揄于众玉，其色不恒。今俗所用，皆销治石汁，加以众药，灌而为之，尤脆不贞……"此外，《后汉书·西南夷列传》记载了哀牢地区的"琉璃"，而东汉王充在《论衡·章性篇》中提到："然而道人消烁五石，作五色之玉，比之真玉，光不殊别……"显示汉代的琉璃已经在光泽和质感上与真玉媲美，因此被视作汉玉的一部分。

出土的玻璃器表明，西汉早期主要为铅钡玻璃，而到了西汉中晚期则出现了钠钙玻璃，如长沙出土的琉璃矛。在青海大通县上孙家寨的西汉至东汉晚期墓葬中，发现了铅钡玻璃耳珰以及含金箔的纳钙玻璃珠，后者推测为西方或印度制造。此外，南方和西南地区出土的玻璃器皿均为高钾低镁玻璃系统，显示出钾玻璃的质地坚硬和光泽持久。

在西汉桓宽《盐铁论·力耕第二》中记载："是以骡驴骆驼，衔尾入塞……而璧玉、珊瑚、琉璃，咸为国之宝。"揭示出来自外域的琉璃器物在当时的稀缺性和珍贵性。与此同时，《三国志·魏志·东夷传》中裴松之注引《魏略》记载大秦出产的"赤、白、黑、绿、黄、青、绀、缥、红、紫十种流离"。这种颜色多样的琉璃残片在江苏邗江甘泉2号西汉墓出土，为紫红色和乳白色的透明体，外壁有模印的凸棱，器型复原后为钵。这种器物在公元前1世纪到公元1世纪的罗马非常盛行。广州盛枝岗2064号西汉墓和广西贵县东汉墓出土的蓝色或绿色玻璃碗，也是罗马的产品①。

但这种琉璃的结构、硬度、比重与玉器有所不同，

① 安家瑶.中国的早期玻璃器皿[J].考古学报，1984（4）.

它比玉更易受到风化和沁变，或产生白化现象，几无受沁的琉璃器不仔细观察常会被误认为是玉器，受沁严重的琉璃器又甚或被认为是石材制作的器物。通过对汉代墓葬出土的琉璃器统计表明，琉璃器的出土数量与墓主身份的高低呈现出反比。汉代的情形大抵如是，铸造琉璃器的原料丰富，可以成批铸造，其工艺和成本远远低于质精价高的玉器。由于铸造技术的进步和需求的旺盛，汉代琉璃器数量远远多于前代。

六、其他玉材

除了使用传统的玉材，汉代还广泛使用了水晶、玛瑙、琥珀、绿松石、煤精、珍珠、玳瑁和石榴石等多种材料制作玉器，其中水晶和玛瑙的制品较为常见。

1. 水晶，古称为"水玉"或"水精"，《山海经》记载："堂庭之山多水玉。"东晋郭璞注解："水玉，水精也。"这表明古人将水晶视为"水玉"。《后汉书·西域传》提到："大秦国……宫室皆以水精为柱，食器亦然。"水晶是透明的石英结晶，白色水晶透明无色，质地致密细腻。在汉代，水晶主要用于制作玉具、剑、印章和带钩等，而紫晶则主要用于小饰物。中原的水晶产地主要集中在江苏东海等地，但具体的产地尚未通过矿物成分、化学和物理性质的检测来确定。

2. 玛瑙，也称为"马脑"或"马瑙"，在汉代南北方都有产出。玛瑙制品主要呈红、白、黄等色，多用于制作装饰品，如珠、管、贝环、辟邪等小型饰物，而大型的主要是剑璏、剑珌和片状佩等。至于玛瑙容器，汉代尚未有制作的记载。

3.琥珀，又称"虎魄"或"虎珀"，《后汉书·王充列传》中提及："犀象珠玉，琥珀瑾瑎。"引《广雅》解释："琥珀，珠也。生地中，其上及旁不生草，深者八九尺。初时如桃胶，凝坚乃成。其方人以为枕。出厨宾及大秦国。"《后汉书·西南夷列传》记载西南夷的哀牢国产琥珀。李时珍在《本草纲目》中描述："虎死则精魄入地，化为石，此物状似之，故谓之琥珀。"汉代人认为琥珀制成的"射鬾、辟邪"等小兽能够驱邪[1]，因此主要用于制作司南佩、压胜和兽形动物等。

4.绿松石，在汉代以前的主要用途是进行镶嵌点缀。例如，在二里头出土的文物中，就有嵌有绿松石的龙形饰品。商代以后，绿松石被更广泛地嵌于各种兵器和带钩物品上。到了汉代，绿松石则更多地被用作铜器和漆器上的嵌饰。西汉晚期，人们开始使用绿松石来雕琢小型的圆雕动物串饰品，并偶尔用于制作印章等。在故宫博物院藏传世的东汉建武二十一年（45年）的鎏

---

① 孙机.汉代物质文化资料图说[M].北京：文物出版社，1991：407.a

金樽盘上，盘沿的铭文称绿松石为"青碧"，这应该是绿松石在汉代的名称。这个名称以颜色来命名，非常贴切地描述了绿松石的特点。

5.青金石，呈蓝色，古称"瑟瑟"，这一名称来源于其音译。阿富汗是青金石的主要产地，同时也有文献记载它在波斯国的西端被发现。在汉代，有明确出土地点的青金石制品数量并不多，这些珍贵的宝石主要被用于雕刻小型圆雕动物等饰品，或者被镶嵌在各种器物上。

6.煤精，也被称为煤玉、炭精、炭根，在民间通常被叫做乌玉、墨石、煤根石或墨根石。我国有十多个省都出土了煤精制品，其中时代最早的可以追溯到辽宁沈阳新乐新石器时代遗址。在汉代，煤精除了被用于制作耳珰、窍塞等饰物外，少数还被精细地雕刻成较小的鸟、羊、猪、狮等动物串饰。此外，新疆民丰尼雅遗址还曾出土了一方煤玉印章[①]。

7.珍珠，在古文中也常被称为珍珠。东汉时期的文学家左思在《吴都赋》中赞美道："蚌蛤珠胎，与月盈亏。"生动地描绘了珍珠的形成与月亮的盈亏之间的奇妙联系。合浦郡是汉代珍珠的主要产地，其出产的珍珠质量上乘，数量众多。据《汉书·王章传》记载，西汉

---

①　祁守华.出土文物中的煤精雕刻制品[J].文物研究（第9辑），
　　1994（11）：89—95.

成帝阳朔元年（公元前 24 年），京兆尹王章因得罪大将
军王凤而陷冤致死，其妻子被流放到合浦。在那里，王
章的妻子以采珠为业，竟然能够"致产数万"，可见当
时合浦珍珠的丰富与珍贵。由于后来的滥采，合浦的珍
珠资源逐渐枯竭，甚至被人们误以为是因为恶政而使得
珍珠迁徙到了邻近的郡县。直到东汉桓帝时期，孟尝担
任合浦太守，他采取了一系列措施来改革弊端、节制采
珠活动，终于使得"去珠复还"，合浦的珍珠资源得到
了恢复①。除了合浦之外，东方的夫馀与倭地的邪马台
国、西部的波斯国都传说盛产珍珠。在马王堆 1 号墓中
出土的简文中提到了"土珠玑——缣囊"，以及 327 号
竹笥内盛有泥丸的一绢袋，笥上还有"珠玑笥"的木牌。
这表明在汉代，人们已经有用珍珠随葬的习俗。这里的
珠应为珍珠无疑，而相比之下，汉代的玉珠则相对较为
少见。

　　8. 玳瑁，又被称为"瑇瑁"，是生长于海洋的大型
龟类的背壳板。两汉的玳瑁产于南方，还有中南半岛的中

---

① 《后汉书卷·循吏列传》："孟尝字伯周……迁合浦太守。郡
　不产谷实，而海出珠宝，与交趾比境……先时宰守并多贪秽，
　诡人采求，不知纪极，珠遂渐徙于交趾郡界。于是行旅不至，
　人物无资，贫者饿死于道。尝到官，革易前弊，求民病利。曾
　未揄岁，去珠复还。"

天竺国。《汉书·东方朔传》有宫人"簪玳瑁，垂珠玑"之说，表明西汉武帝时宫人常使用玳瑁制作的簪钗饰品。《后汉书·西域传》记载，延熹九年大秦国（罗马）曾派使者献象牙犀角、玳瑁等。除文献记载的玳瑁簪外，汉代还以其制作璧、卮、笄、梳、篦和动物串饰等。

9.石榴籽石，是一种等轴晶系的硅酸盐矿物，因其颜色和形状与石榴籽相似而得名。珠宝界称之为"紫牙乌"石榴子石有铝榴石和钙榴石两个系列，常形成多面体，主要有红、紫、褐诸色。虽然我国也是石榴子石的主要产地，但在汉代及更早的时期，印度和斯里兰卡是石榴子石加工的重要地区。我国广西、广东出土石榴子石珠饰较多，也是由丝绸之路传入的[1]。

第二节　玉器的制造工具

"玉不琢不成器"这一句话的琢字，明确表达了古人对玉料与玉器的区别，即玉料必须经过精心的雕琢加工才可称为玉器。实际上，玉器的制作并非简单地通过

---

[1]　麦英豪.广州华侨新村的西汉墓考古发掘简报[J].考古，1958（2）：39—76.

雕琢完成。虽然汉代琢玉的具体工具和工艺过程缺乏详细的史料记载，但从出土的汉代玉料、半成品以及成品玉器上的加工痕迹，利用科技考古技术分析，大致可以推断出汉代玉器的制作流程。这一过程总体可分为开料、雕琢和抛光三大步骤。历史制玉工具可划分为石质、青铜、铁质时期。铁制生产工具在我国春秋战国时期开始出现，秦汉之际已经广泛地使用铁质工具。此时的琢玉工具也迎来了重要的变革。铁质琢玉工具的诞生进一步推动了玉雕技术的进步。

一、铁质工具的应用

由于玉石的硬度较高，所有的琢玉工具在使用时都需要借助水和解玉砂来进行切割和琢磨。开料是将原始的玉璞切割成所需形状的玉坯，这个过程中需要确保玉坯的外轮廓符合后续制作片状或圆雕玉器的具体要求。开料的工具主要有直锯和砣锯两种，其中直锯的材质可以是硬质的铁片或钢片，也可以是柔软易弯的铁丝、绳或竹片等。在河北满城汉墓出土的玉衣片上，我们可以清晰地看到锯切时留下的痕迹，这些痕迹有的来自直条锯，有的则是砣锯所为。玉片上留下的锯缝宽度一般在1毫米～1.5毫米之间，最窄的一条锯缝甚至只有0.35毫

米，这表明当时使用的锯片工具已经相当先进 ①。在江苏
徐州地区出土的一些玉片上，还发现了呈中间高两边低
弧形的锯痕，这表明当时可能使用了软质的铁丝或绳锯。

二、雕琢工艺

雕琢，作为治玉工艺中的关键环节，涵盖了从塑造
玉器整体形态到精细雕刻各种纹饰的全过程。因此，琢
玉所使用的工具及其机械化程度，在极大程度上决定了
玉器的最终品质与精细度。从汉代出土的玉器及其上的
遗留痕迹可以窥见当时的工艺水平。这些玉器普遍显露
出铁质工具的使用痕迹，其中包括了砣、管、程等多种
琢玉工具。以砣为例，这种工具在碾琢过程中留下了特
有的痕迹，如兽面双身龙纹璧和玉猪等玉器上的阴刻粗
线。这些线条中部深邃，两端则逐渐浅出，形成了流畅
自然的坡面弧线，展现出砣具独特的工艺特性。

管钻则是另一种常见的琢玉工具，主要用于打孔。
从河北满城汉墓和江苏徐州北洞山汉墓出土的玉衣片
上，可以清晰地看到管钻的使用痕迹。这些孔径上下相
等，表现出管钻的精确性和一致性。然而，不同管钻的
管径可能存在显著的差异，这在一定程度上反映了当时

---

① 　中国社会科学院考古研究所，河北省文物管理处.满城汉墓发
掘报告[J].文物出版社，1980.

工具的多样性和工艺的灵活性。管钻除了用于打孔外，还广泛应用于浮雕纹饰的雕琢中。为了剔除多余的部分，工匠们会采用管钻进行密集打孔，进而形成所需的浮雕效果。此外，在大型璧、环和杯类玉器的内膛掏琢中，管钻也发挥了重要作用。

值得一提的是程钻这种专门用于穿琢细小孔洞的工具。其形状独特，上口大而下口小，孔壁则呈现为尖细的斜坡形。在河北满城汉墓出土的玉片四角小孔中，可以清晰地观察到程钻的使用痕迹。这些孔洞的直径大小不一，最大可达 2 毫米，最小仅为 1 毫米，显示了程钻在精细加工方面的卓越性能。

所有这些复杂的雕琢工艺，都是在人力机械传动装置的基础上完成的。汉代工匠们凭借精湛的技艺和丰富的经验，巧妙地运用各种琢玉工具，创造出了无数精美的玉器。这些玉器不仅形态各异、纹饰繁复，而且线条流畅、细腻入微，充分展现了汉代治玉工艺的高超水平。

此外，汉代玉器上的许多阴线线条并非完全依赖砣具碾琢而成。相反，它们往往是借助极为尖锐的工具（如程等）通过反复摩擦的方式精细刻画出来的。这一过程耗时耗力，但成效显著，使得玉器上的线条更加细腻、流畅。"如琢如磨"这一成语恰如其分地描述了这一精益求精的工艺过程。在显微镜下，我们可以清晰地观察到这些线条的细微之处。最后一道工序是对玉器进行抛光处理，这也是治玉工艺中不可或缺的一环。徐州狮子山楚王墓出土的玉器表面光滑如镜、熠熠生辉，充分展示了汉代玉器抛光技术的高超水平。当时可能使用了类似"砂轮"、"布轮"或皮革、竹木等材质的打磨工具对玉器表面进行精细处理，使其呈现出晶莹剔透、光彩夺目的效果。这种技术的进步不仅提升了玉器的制作工艺水平，还为玉器赋予了更加丰富和独特的艺术风格。

除了以上科技考古的成果外，古代文献中屡有提及一种玉器雕刻工具，名为"昆吾刀"或"切玉刀"。在战国时期，《列子·汤问篇》及西汉东方朔所著《海内十洲记·凤麟洲》均有记载："昔周穆王时，西胡献昆吾割玉刀及夜光常满杯，刀长一尺，杯受三升。刀切玉如切泥……"言明此刀在周穆王时期即由西胡进献，且其切玉之效如切泥般轻松。再有《山海经·中山经》所述："又西二百里曰昆吾之山，其上多赤铜。"郭璞注解说："此山出名铜，色赤如火，以之作刃，切玉如割泥也。"郭璞认为昆吾山的特产赤铜，制成刀具后，切玉效果亦如上述，如割泥般容易。而汉代的记载中，《三辅黄图》卷三提及："奇华殿，在建章宫亮，四海夷狄器服珍宝、火烷布、切玉刀、巨象、大雀、狮子、宫马充塞其中。"此记载描述了奇华殿内收藏的各种珍宝，其中便包括切玉刀。1972年，西安市文管会曾发现一件五足铜炉，其上刻有"奇华宫"等铭文，这证实了《三辅黄图》中关于奇华殿的记载是准确的。

然而，对于切玉刀的真实存在与效果，历代观点并不统一。魏文帝曹丕在《典论》中便表示怀疑，认为能够切玉如泥的刀根本不可能存在，只有金刚石才能达到这样的效果。但关于周代是否有金刚石切玉刀，目前无从查证。同时，也没有发现汉代使用金刚石切割和制作玉器的确凿证据。

对于"切玉刀"的理解，应该与琢玉工具的进步有着直接的关系。在古代，玉器制作被视为极其重要的事项，尤其在祭祀和军事方面。随着铁器的出现和应用，这种当时的高科技材料首先被用于制造兵器，随后也被引入到祭祀用品的制作中，其中就包括玉器的雕琢。由于铁比铜更坚硬，因此使用铁工具配合解玉砂来琢玉，可以大大提高工作效率。这种高效的琢玉方式，可能被夸张地形容为"切玉如泥"，但实际上，即使在现代，也没有任何一种材料能够真正做到"切玉如泥"。因此，所谓的"切玉刀"，更可能是对当时铁质琢玉工具的一种修饰或误解。

尽管如此，后世对于昆吾刀或切玉刀的传说仍深信不疑。唐代张协在《把刀铭》中写道："奕奕名金，昆

吾遗璞，裁为把刀，利亚切玉。"① 这表明在唐代，人们
依然对"昆吾刀"的神奇效果仍坚信不疑。

　　总而言之，铁质工具在制玉中的应用，极大地提
高了设备的硬度、性能和效率，推动了玉器制作技术的
显著发展，使其进入了中国古代制玉的成熟的阶段。在
这样的技术进步下，汉代玉雕工艺经历了翻天覆地的变
革，从史前的稚拙、古朴风格，逐渐演变为精雕细琢、
立体化的艺术形式的物质基础。

第三节　汉代的雕刻技法

　　汉代手工业生产技术的显著地提高将制作工艺推向
了一个新的高峰。在玉器制作方面，汉代工匠们不仅继
承了春秋战国时期的玉器技法，还推陈出新，在雕琢技
法上达到了前所未有的水平。工匠们除了熟练运用了圆
雕、镂雕等多种技法（表 4-1），使得玉器展现出简练豪
放、朴拙流利的独特风格。除此之外，还形成了汉代特
有的"汉八刀"和"游丝毛雕"技法。这两种技法被现

---

① 　[唐]欧阳询.艺文类聚·卷六十[M].上海：上海古籍出版社，
　　1982：1084.

当代的古玩界和研究者普遍认为，是汉代玉雕最突出的特点。这些技法的综合运用对汉代的玉器造型及纹饰产生了深远的影响。它们不仅丰富了玉器的表现形式，还提升了汉代玉器的艺术价值和审美品位。

表4-1　汉代玉器的主要雕琢技法

平雕工艺	最常使用的一种以线刻为手段的雕琢技术，也就是在玉雕件表面上雕刻出深度基本一致的刻线来表现主题纹饰和形象	阴线刻	亦称"阴线雕""阴勾花"就是把描样稿上线条的部分刻去，留下空白的部分，在玉器表面刻画出各式凹下的线纹，形成的图案也就是阴刻图案。它是以凹线条为主要造型手段，具有流畅自如的特点。阴刻方法多单独在器皿上进行装饰，在锦地浮雕中的"地纹"上也用阴线刻。
		阳线刻	阳线刻，采用浅浮雕技巧，保留图稿上的线条并去掉空白，形成凸起的棱线。又称"减地起线"，需精细打磨地子使其平整光洁，再修整阳线至圆滑整齐。耗时长且工艺要求高，以凸线条为造型特色，风格清晰明快。

续表

浮雕工艺	是在平面上雕刻出凹凸起伏形象的一种雕刻技法，是一种介于圆雕和绘画之间的艺术表现形式，利用透视原理，通过光线的透射变化呈现出立体效果。	薄浮雕	是指玉器表面雕琢深度非常浅，通常是将被雕形象轮廓之外的空白处浅浅地磨掉一层，使雕琢的形体稍稍凸起。
		浅浮雕	相较深浮雕而言，雕琢深度在2毫米～5毫米的浮雕称为浅浮雕，在玉雕中应用最为广泛。
		深浮雕	因其浮凸的雕体接近圆体雕的二分之一，又称"半圆雕"，如果不是形象背后与背景相连，在稍远处就很难与圆雕分清楚。深浮雕玉器表面雕琢深度大，玉雕的形体起伏明显，可以充分表现题材的远景、中景和近景。
		剔地浮雕	在浮雕底面的地子上钩刻花纹，即用线雕技术对底面进行再雕饰。
镂雕工艺	镂雕，亦称镂空雕或透雕，是玉雕中一种高难度的雕刻技术，通过在玉雕作品上部分镂空，以虚实结合的手法突显主题纹饰，装饰效果极佳。	透雕	透雕是玉雕中一种在圆雕或浮雕基础上，通过局部或大面积镂空背景来突显凸出物象的雕刻技法。它增强了主题轮廓的清晰度，丰富了玉器造型，并赋予其立体感和动感。但透雕工艺复杂，受空洞大小和主题的双重制约，需精巧平衡。
		镂空	在片状或扁体状玉件上，保留玉件的实体物像部分，而将纹饰部分进行局部或全部镂空，称为镂雕。镂雕属于圆雕技法的延伸。

续表

圆雕工艺	又称立体雕，是指不附着在任何背景上、适合多角度观赏的、完全立体的玉雕作品，具有三维空间的艺术感。	掏膛	将玉器腹膛内掏空。常用于瓶、碗、杯等玉器内部掏空琢磨工艺。
		活环	是指在玉料上，雕出可活动玉环，却又不可拆卸。
镶嵌工艺	镶嵌是广泛运用的艺术创作手法，通过将一种材料拼合到另一基底上实现工艺美感。在玉雕中，镶嵌技术指将不同质料相互嵌入，或将小玉器雕琢后组合成大件作品。		

一、雕刻技法的综合运用

在汉代以前，玉器制作主要采用平面雕刻技术，即在扁平的玉片上雕刻出浅浮雕的图案。到了汉代，雕刻手法变得多样化，高浮雕、透雕和圆雕作品的数量明显增多，与前代相比，作品的层次更加丰富，精雕细琢的作品也不在少数。在这些雕刻技法中，阴线刻是最为常见的一种，它在平雕和圆雕中都有广泛应用，主要用于刻画器物的纹饰以及人物、动物等细节部分。透雕则多见于平雕玉器中，主要用于表现主体造型的轮廓。而高浮雕则更多地出现在玉剑饰上。圆雕则通常以人物、动物的造型为主要表现对象。

　　以陕西出土的不同时期的玉佩为例（图4-1），图中的玉佩左为西周、中为战国、右为西汉时期。可以观察到，西周及战国时期的玉佩主要采用平刻技法，而到了西汉时期，高浮雕技法则更为常见。这些雕刻技法在玉器制作中并不是孤立存在的，而是经常相互搭配使用。因此，在同一件玉器上，往往可以看到几种不同的雕刻技法被巧妙地结合在一起。

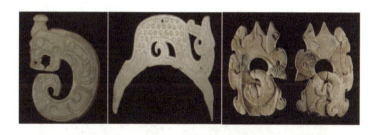

　　图4-1　陕西出土的不同时期的玉佩，引自《中国出土玉器全集·14》图版44、144、228页

　　在汉代以前的玉器纹饰制作中，主要采用的是利用解玉砂对扁平玉片进行打磨，形成浅浮雕的平面纹饰。进入汉代后，镂空技术得到了广泛的应用与发展，掏膛、镂空、镶嵌等多种复杂工艺并行，将玉器制作技艺推向了新的高峰。以安徽省巢湖市北山头西汉墓出土的两件玉卮为例，其造型别致，设计巧妙，纹饰繁复且精美，

雕刻工艺的复杂性和多变性更是令人叹为观止。特别值得注意的是，其中一件桶形玉卮，其形态上大下小，壁薄且均匀，这得益于精湛的掏膛技术，使得卮壁被精细地冲磨至仅 0.3 厘米的厚度。狮身高浮雕与透雕的结合，展现了螭虎、凤鸟衔环、熊形把手和螭龙等生动形象。此外，镂空透雕技术在凤鸟的嘴、腿以及多处造型间隙的巧妙运用，进一步突显了工艺的精湛。凤嘴中的环被掏空并雕琢成绞丝纹，这需要各部分之间的精确配合与衔接，经过一系列复杂的组合步骤才能完成。这种高度复杂的玉器制作技术，无疑是汉代玉器工艺精湛水平的生动体现。

图 4-2　安徽省巢湖市北山头汉墓出土的玉卮，引自《中国出土玉器全集·6》图版 101～102 页

在两汉时期，玉器的制作工艺取得了显著的进步，不仅技艺更加精湛，而且各种工艺手段也日益成熟。开片、成型、阴刻、减地阳刻、浮雕、镂雕、圆雕、钻孔、活环、镶金银、嵌宝石以及抛光等技艺在这一时期得到了广泛的应用与发展。特别值得一提的是，掏膛技术的革新为制作具有大空腔的玉器提供了技术基础，从而极大地丰富了玉器的种类与形态。故宫博物院藏夔凤纹玉卮（图 4-3）便是这一技术革新的典型代表。借助精湛的掏膛技术，工匠们成功地制作出了这一具有大空腔的精美玉器。此外，汉代玉器在轮廓线和刻纹的处理上也显得更为流畅自然，这得益于各种雕刻技艺的熟练运用。镂空和浮雕在汉代玉器中的广泛应用，进一步增强了其立体感和层次感，使得玉器整体造型更加生动逼真。与此同时，汉代玉器的抛光技术也得到了显著的提升。经过精心抛光的玉器表面呈现出温润的光泽，不仅提升了玉器的整体美感，也反映了当时工匠们对玉器制作工艺的极致追求。在许多王侯墓中出土的汉代玉器，其设计之巧妙、雕琢之精湛、线条之流畅都令人叹为观止。这些玉器不仅运用了线雕、浅浮雕和镂空等多种雕刻技艺，而且在钻孔和抛光技术上也达到了前所未有的高度。这些出土玉器无疑是汉代玉器精湛制作工艺的最好明证。

图 4-3　夔凤纹玉卮　引自故宫博物院官网[1]

二、高超的阴刻线技法

精妙流利的阴刻技法使汉代玉器线条刚劲饱满，遒劲流畅。玉雕对线条有很高的工艺要求，线条的处理及表现力。汉代玉器线条特征被描述为"金钩铁线"，是说线条犹如曲铁，能凸显内在的张力与弹性。如安徽省巢湖市北山头汉墓出土的凤形玉佩。（图 4-4）

---

[1]　原图见https://www.dpm.org.cn/collection/jade/234715

图 4-4　安徽省巢湖市北山头汉墓出土的凤形玉佩，引自《中国出土玉器全集·6》图版 113 页

　　阴刻线，作为玉器雕琢中一项基础的技法，主要分为单钩阴刻线和双钩阴刻线两种。这两种技法在周代就已达到成熟阶段，而在汉代玉器制作中更是得到了广泛的应用。无论是平雕器物表面的主体纹饰，还是圆雕器物的细微装饰，都可见到其踪迹，尤其在对人物、兽类等细节的刻画上，运用得更为灵活且连贯。其精湛之处，在双钩线纹饰中表现得尤为明显。如西周陕西出土龙形佩（图 4-5）和广东出土的东汉虎形佩（图 4-6），两者间的差异一目了然。汉代的双钩线呈现出刚劲饱满、遒劲流畅的特点，直线部分更为贯通舒展，而弧线的转角也更为顺滑流畅。单线则常用于短线条的迂回弯曲，而双线则在大线条中展现出疏密均匀的特质。单双线的转接处理得自然流畅，毫无生硬之感。

图 4-5　陕西出土西周时期的龙形玉佩，引自《中国出土玉器全集·14》图版 52 页

图 4-6　广东出土西汉时期的龙形玉佩，引自《中国出土玉器全集·11》图版 96 页

　　此外，双钩线和单勾线在视觉上形成的立体化差异，也被工匠们巧妙地运用于整体与各部的区分之中。以东汉虎形佩为例，尽管其造型长方规矩，但通过阴刻线的精细刻画，虎佩仍显得生动鲜活，仿佛有俯卧待跃之势。这种效果的实现，除了得益于琢玉工匠们驾轻就熟的非凡技艺外，也离不开汉代治玉工具的发展以及汉

代人饱满的创作激情。汉代的阴线刻技艺因其"纤毫毕现，飘逸细腻"的特点而为后世所推崇。高濂在《燕闲清赏笺》中赞誉道："汉人琢磨，妙在双钩，碾法婉转流动，细入秋毫，更无疏密不匀、交接断续，俨若游丝白描，毫无滞迹。"[①] 这段文字生动地描绘了汉代阴刻线的精湛技艺和独特魅力，也为我们理解和欣赏汉代玉器提供了宝贵的参考。

汉代玉器雕刻中有一种独特工艺被称为"游丝毛雕"。该工艺实际上是因表现人像、动物毛发的需要而专门生成的一种阴刻线工艺技法，就是通过粗细宽窄深浅不一，并且连绵起伏的游丝刻来表现逼真的毛发效果。这种技法在汉代使用和田玉雕刻的玉器中尤为常见。"游丝毛雕"不仅是汉代玉雕工艺中的一大亮点，也是后人研究和鉴赏汉代玉器的重要依据之一。与一般的阴刻技法相比，"游丝毛雕"既有相似之处，又有其独特之处。它通常使用尖锐的石制工具进行打磨，常被用于刻画人物及动物图像的细节部分，如毛发、羽毛状或双翼翎毛纹等。如西安咸阳汉元帝渭陵的建筑遗址出土的戴冠俑头毛发（图4-7）。

---

① 　[明]高濂.燕闲清赏笺[M].成都：巴蜀书社，1985：57.

图 4-7　西安咸阳汉元帝渭陵的建筑遗址出土的戴冠俑，引自《中国出土玉器全集·14》图版 156

　　汉代的"游丝毛雕"工艺，其线条简约疏朗，浅细而流畅，充满了华美与精致感，装饰意味十分浓郁。这种工艺被运用得淋漓尽致，线条刻画得极为浅细，以至于肉眼看上去若隐若现，似有似无。然而，在细微的痕迹中观察，却能发现其条纹清晰、流畅自如、精致整齐，深浅粗细均匀，展现出工匠们的高超技艺和精细心思。该技法在汉代已经日臻成熟，成为汉代玉器的重要特征之一。汉代的玉器上大多有这种细若毫发的阴线纹，它们不仅增添了玉器的美感，也成了鉴别汉代玉器的重要依据。尽管宋元时期也有这种技法的使用，但汉代"游丝毛雕"的纤细隐逸却是后人无法企及的。

三、剔地浮雕的普及增加了玉器的立体感和写意性

剔地浮雕是汉代玉器雕刻中一种独特且重要的工艺，它通过塑造凹凸不平的立体形象，增加视觉上的立体感。这种技法主要利用透视、错觉和实影等手法，创造出多样化的空间效果。在汉代的玉璧、玉璜等器物上，我们常可以见到用剔地浮雕技法雕刻的涡纹、云纹、蒲纹等纹饰，这些纹饰不仅美观，而且富有层次感。此外，这种技法也广泛应用于剑饰上的纹饰以及各种平雕玉器中的佩饰，人物、兽类的轮廓表现等。"汉八刀"是剔地手法的一种特殊形式，也是一种粗犷朴拙、简练豪放的雕刻技法，主要用于制作葬玉。由于汉代厚葬之风盛行，而玉器作为随葬品的需求量又很大，因此工匠们采用了一种简化的雕刻方式，以降低成本、提高生产效率，因此而形成了这种独特的汉代玉器技法。"汉八刀"，并不是指确切的刀数，而是形容仅用数刀就能表现出器物的简练、流利的风格，也是汉代最具盛名的工艺技法之一。"汉八刀"在西汉时期就已经出现，最初主要用于玉蝉的雕琢。到了东汉时期，这种技法的运用更加成熟，不仅用于玉蝉，还广泛应用于玉猪、玉人等小件饰玉上。其采用单撤刀法，起刀轻、落刀重，刀法简练，线条刚劲。这种雕琢方法造型凝练，琢磨疏简，粗犷有力，具象中有抽象，以简练的线条表现出粗犷有力、刚劲挺拔的艺

术特色。明代谢堃在《金玉琐碎》中提到"只用八刀便刻成一个翁仲",这说明了"汉八刀"技法的独特之处。它属于写意性雕刻手法,通过简洁明快的刀法,创造出汉代玉器的典型风格。例如安徽省萧县西虎山汉墓出土的玉蝉(图4-8),就是用斜刻阴线雕出蝉的头、胸、腹、双翼等部位,线条刚劲有力,干脆利落。尽管只是寥寥数刀,但刻画出了活灵活现、惟妙惟肖的生动形象。

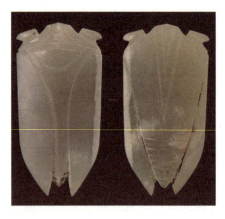

图4-8　安徽省萧县西虎山汉墓出土的玉蝉　引自《中国出土玉器全集·6》图版144页

四、华丽的镶嵌工艺增加玉器的运用范围

作为一种独特且富有创意的艺术创作方法,镶嵌广泛应用于各类艺术品的制作过程中。这种方法主要涉

及"镶"和"嵌"两种技巧，将一种材料精确地拼合在另一种平面或立体的基材上。当涉及玉雕艺术时，镶嵌技术则具体表现为将其他材质的元素巧妙地镶嵌在玉器上，或者将玉石融入其他材质的器物中。徐州狮子山西汉楚王墓出土的玉棺无疑是后者。（图4-9）玉棺的设计与制作都达到了极高的艺术水平。玉棺内每一片玉都经过精心挑选和处理，以确保其质量、颜色和纹理与整体设计完美融合。同时，他们巧妙地运用了各种镶嵌技术，如玉铆钉、镶绿松石玉铆钉、贴金箔玉铆钉等，大量形状各异、精心打磨的玉片固定在棺木上，既保证了玉棺的牢固性，又增添了其艺术魅力。此外，玉棺上的五星连珠和日月合璧的图案，可能寓意着墓主人希望死后能够升天，与日月星辰同在，而玉棺侧面的门形空白，则可能是供墓主灵魂出入的象征，表达了古人对于灵魂不灭的信仰。该玉棺无论在规模上，还是在制作的华丽程度上，都是西汉早期玉棺中的佼佼者。

图 4-9　徐州狮子山楚王墓玉棺复原图，引自《古彭遗珍》，第 198 页图

五、普遍应用的透雕技艺臻于完善

透雕，又称镂空雕，是一种在浅浮雕或深浮雕基础上进一步发展的雕刻技艺。其特点是将雕刻材料的某些部位镂空，从而使形象轮廓更加鲜明，作品层次增多，呈现出玲珑剔透的艺术效果。透雕工艺在春秋战国时期得到了突飞猛进的发展，到了汉代，镂空技艺更是有了很大的超越。汉代的透雕作品不仅数量众多，而且技艺精湛，表现手法多样。工匠们巧妙地将镂雕工艺与浮雕、圆雕以及掏膛技巧相结合，创造出了许多独具匠心的艺术作品。这些作品不仅形象生动，而且富有层次感和立体感，充分展示了汉代透雕技艺的独特魅力和高超水平。透雕工艺的制作难度较大，需要工匠们具备精湛的技艺和丰富的经验。在制作过程中，工匠们需要先设计出精细的图案，然后在材料上进行精确的钻孔和穿透打磨。这个过程需要耗费大量的时间和精力，稍有不慎就可能导致作品的损坏。如本书在第二章中介绍的两件鸡心佩（图 2-8 及图 2-9）。

六、圆雕艺术创造出汉代玉器的灵动飞扬审美趣味

在汉代，圆雕和高浮雕的陈设艺术品展现出了极高的艺术价值，充分彰显了西汉时期精湛的琢玉技艺和灵动飞扬的审美趣味。这一时期的玉器制作，不仅在用料上极为讲究，选取上乘的玉质，更在琢磨工艺上精益求

精，使得每一件作品都呈现出优美的造型和细腻的质感。

　　在汉代，圆雕与高浮雕的陈设艺术品因其卓越的艺术价值而备受推崇，它们不仅凸显了西汉时期琢玉技艺的精湛，更展现了独特的审美趣味。这些圆雕作品选材上乘，玉质极佳，经过精细地琢磨，呈现出优美的造型。在表现手法上，它们追求写实，展现了诸多反映日常生活的题材，其中动物与神兽的造型尤为常见，如栩栩如生的玉雕牛、羊、鸟、龟、熊和辟邪等，各种动物特征鲜明。例如，西安市出土的熊、辟邪（图4-10）以及上文提到的戴冠俑头等圆雕玉器（图4-7），其姿态生动，写实传神，充分展示了汉代圆雕艺术的精湛技艺。这些作品在创作过程中融入了浮雕和线雕技术，体现了多种工艺技术的精湛结合。从商代到西周，由于治玉技术的局限，纹饰主要以直线或长弧线为主。进入春秋战国时期，随着铁质工具的出现，琢玉技艺得到了提升，使得玉器的纹样发生了显著的变化。到了汉代，随着工具的进一步先进和工艺技法的长足进步，玉器造型的立体化得以实现，呈现出独特的面貌和纹饰风格。

图4-10 西安市出土的熊、辟邪，引自《中国出土玉器全集·14》图版161、163

七、高浮雕的运用造就了汉代最具艺术气质的螭龙、螭虎纹样

立体的高浮雕在战国之前是极罕见的，但汉代则运用较多，这种技艺手法由平面延伸至半立体再到立体，适合长、条形状物体的表现；适合弯转、回旋、飞跃等体态的表现，汉代立体高浮雕玉器多见龙、虎题材，其中以螭虎造型最为典型，身躯矫健，气势如虹，尤其以云纹烘托，大气磅礴。平面到立体的变化增加了玉雕的层次，丰富了玉雕的效果，极具时代风格。高浮雕常见于玉剑饰和东汉的大型佩饰上，所雕琢动物栩栩如生具有立体效果。如河北满城中山靖王刘胜墓出土的玉剑首、玉剑格、玉剑璏、玉剑珌（图4-11）。

图 4-11　河北满城中山靖王刘胜墓出土，玉剑首、玉剑格、玉剑璏、玉剑珌，引自《中国出土玉器全集·1》图版 189

第五章

汉代玉器的艺术风格

:
:
:
:
:
:
:
:
:

　　玉器的艺术嬗变和风格更替是一个缓慢的过程。
汉代继承和发展了春秋战国时期的玉雕工艺，在造型门
类、纹饰形制及工艺水平上一脉相承，同时在艺术风格、
精神风尚上也展现了汉代的独特魅力。

　　在战国时代，社会思潮激荡，各国为在激烈的兼并
战争中立足，积极寻求发展和强盛。这种社会背景也深
刻反映在玉器艺术上。战国时期的玉器纹饰精致华美，
工艺繁复，几字造型和动物形状的玉佩饰尤为常见。其
线条犀利刚硬，近乎呈直角，充满了力量感，彰显了那
一时代的精神风貌。与此同时，不同艺术门类之间也相
互影响，共同塑造着那一时期的艺术特征。青铜器在汉
代完成了从礼器向日常用器的转变，其种类增多，纹饰
和铭文更加贴近生活，表达了吉祥和美好的愿望，出现
了明显的生活化、世俗化转变[①]。进入汉代后，玉器制作

---

① 　吴小平.从礼器到日常用器——论两汉时期青铜容器的变化[J].
厦门大学学报（哲学社会科学版），2006（3）：58.

风格发生了显著变化。"汉代以前的玉雕，大多以造型为主，汉时则发展了透雕、刻线、浮雕、粟纹等多种装饰加工方法。"①汉代玉器一改战国时期的繁复绮丽，展现出雄健奔放、博大豪迈、飘逸洒脱的艺术风格。这一时期的玉雕工艺不仅注重造型，还采用透雕、刻线、浮雕、粟纹等多种装饰加工方法，使玉器艺术达到了一个新的高峰。此外，汉代玉器在文化内涵上也发生了重要转折。它逐渐从上层贵族文化向世俗文化转变，在造型上也逐渐趋向实用化。尽管如此，仍有一部分玉器保持着强烈的装饰性。从汉代开始，玉器的主要功能逐渐转向观赏、陈设和实用，但在纹饰的造型、装饰风格和雕刻技术上，汉代玉器无疑达到了一个鼎盛时期。

汉代玉器的艺术风格反映了其整体的审美倾向，这不仅包括材料选择、雕刻技艺，还有造型设计、装饰纹理、创新方法以及深层的精神内涵等多个元素，共同融合所展现的审美体验。它不仅呈现了汉代的时代风貌、审美偏好、社会心态，还深刻体现了人们对生命情感的独特理解。汉代的玉雕艺人精湛地运用外在的线条、形态、构图等要素，将自己的内在审美追求表达得淋漓尽致。他们借助充满力量与动态感的表现形式，生动描绘了汉代人民旺盛的生命活力；通过打造玉器浑厚、有力

---

① 田自秉.中国工艺美术史[M].上海：东方出版中心，2005：161.

的体积感，成功展现了汉代雄健、刚毅、豪迈且博大的时代精神；采用浪漫而夸张的意象化造型，揭示了汉代人民无拘无束的创造性思维与自由精神；而灵动飘逸的线条运用，则赋予了作品充满生机的生命律动。汉代玉器这种鲜明而独特的艺术特色，为其赋予了深远的艺术魅力。

第一节　玉器的造型演变

汉代前后历经四百余年，其间其时代精神及社会风貌发生了重大变化。从西汉初年提倡的黄老之学、无为而治，到西汉中期以汉武帝为代表的奋发作为，从西汉初伊始提倡孝道，到东汉时期的"宜子孙"，从朝气蓬勃到深沉静穆，贯穿在汉代的重生死、信鬼神、崇尚玉的神奇功能这一主题上，在玉器造型中均有所体现。

"中国艺术所重视的是一种在错综的变化中呈现出来的尺度，可以称之为一种有机的尺度；古希腊艺术重视的则是一种高度清晰、均匀、明确的尺度，可以称之为几何学的尺度。"[①] 根据形制特征，汉代玉器有几

①　刘纲纪.周易美学[M].武汉：武汉大学出版社，2006：279.

何形、动物形和人物形三种类型。几何形玉器大多为装饰器，包括由不同造型的多件玉器组合而成的复杂几何形玉器——玉组佩、不同几何造型组合而成的玉剑饰、圆形的玉璧、弧形玉器——玉璜、玉觽以及圆弧形玉器鸡心佩；动物形玉器多是赏玩陈设玉器，有着玉玲的玉蝉、玉握的玉猪、玉牛、玉熊、玉鹰、玉马以及想象动物辟邪、天禄等，纹饰简略、造型生动形象。

首先，在玉器造型上，汉代强调整体效果的把握，用高度概括的手法，表现了神韵、气势和力量的美。"其制人物、螭玦、钩环并殉葬等物，古雅不烦，无意肖形而物趣自具，尚存三代遗风。"①在造型特点上，主要展示了质朴、敦厚、古拙的风格，整体静穆的伟大与局部的生动活泼相统一，并互相映衬，动静得宜。汉代各艺术门类在艺术手法和审美情趣上有着众多的一致性，玉舞人和陶俑造型也是如此。王朝闻先生认为汉代美术既雄健又活泼。他认为汉代陶俑舞动的长袖、粗糙的形体制作，是忽视了物质性的细节，更能使舞者的姿态生动活泼，这种夸张而又写实的造型，与秦始皇陵秦俑准确严格的制作设想相比，在艺术性的表达方面略胜一筹②。

---

① [明]高濂.燕闲清赏笺[M].成都：巴蜀书社，1985：57.

② 王朝闻.雕塑雕塑[M].长春：东北师范大学出版社，1992：55.

　　其次，在日常生活佩饰和丧葬用玉中，保留了大量几何形的扁片状雕，圆雕主要保留在动物造型和实用玉器范畴，除了专门用于丧葬的玉璧，一般形体较小。与战国时期相比，汉代的佩饰简化，采用小型的片状玉雕，佩饰着眼于既便利又美化生活，实用与美观并存。玉璧、玉韘（鸡心佩）、玉璜、玉舞人、玉觿等琢以几何造型，大体呈O、C、S圆弧等曲线形状；在以"辟邪"为主要功用的司南佩、刚卯、严卯和玉翁仲的造型设计上，则主要采用立体圆雕的形式，线条刚硬，轮廓方正，简要勾勒出了数厘米大小的辟邪用玉的神韵。实用玉器则借鉴了青铜器造型，矮足、深腹，多为圆柱形，造型庄严肃穆。动物圆雕一般采用写实动物的像生圆雕和想象动物的像生圆雕。

　　再次，与战国时代相比，增加了富有生活情趣的像生造型，汉代的玉雕动物数量和题材明显增多，包含了客观存在的真实动物，如玉鹰、玉马、玉熊、玉蝉和玉猪等，和想象动物如玉天禄、玉辟邪、玉龙、玉凤等。"运用高度的艺术技巧对玉的像生制造，当然不仅仅是对原物的简单再造，更多的是形象的抽象化。"[1]在把握实物形态和神态的基础上生动逼真地摹刻出写实或写意的像

---

① 　朱志荣，陶国山.商代玉器的审美特征[J].泰山学院学报，2004（1）：15.

生玉器。汉代动物圆雕以写实为主，少量写意，造型质朴，或以大笔触刀砍斧凿，琢刻气势勇猛的怪兽，或精工细琢，线条流畅，轮廓优美展现了敦厚朴实、憨态可掬的动物形象。

玉蝉是写实动物造型的典型，主要用流行的"汉八刀"雕刻技法雕琢而成，片形，头部方形，嘴巴和眼睛外突，双翅并拢，后端呈尖状分叉，尾部及翅膀用粗阴线雕刻而成；或用三棱柱形，简洁雕刻蝉的外形，局部细节不做描绘。同样玉猪也是"汉八刀"技法的典型代表。西汉玉猪写实造型，阴刻和浅浮雕相结合，雕琢简单，线条简练，形态生动。此外还有玉翁仲也多用"汉八刀"技法。东汉时期改为写意，在一方形柱状玉的一端削尖作头，上部稍琢圆弧作背，下部保持平直作腹部，身上以粗阴线凿刻出鼻、眼、耳、腿，造型更加简单。

想象动物的仿生造型借助生物世界动物的部分形态加以组合拼接，设计出代表某种神奇功能与力量的超自然动物。在汉人的精神崇拜世界，超自然动物被认作是现世和彼岸世界联系的沟通者，充满了人间气息，端庄肃穆、飘逸脱尘。

最后是，对称、平衡、和谐、打破平衡的对立统一等美学原则的灵活运用。总体对称与局部变化，体现了汉代玉器稳重大方，构造严谨又不失生动，富有变化，不至于单调，体现了玉器造型的韵律美。这种造型主要用于佩饰的雕琢，反映汉代人的生活情趣。

汉代器物造型的对称，表现在玉器的各个方面，其中以玉璧最为明显。如广州市象岗南越王墓出土的玉璧，其造型左右、上下保持严格的对称，确保了玉器视觉上的稳重。在保证对称稳重的同时，玉器雕琢的纹饰局部略有细节的差异，三组连续的龙纹打破了上下的对称，既突出了龙纹又使整个构图协调统一。汉代玉舞人继承了战国时期舞人的基本造型并有所发展，右臂高高举过头顶垂下衣袖，左臂向右下斜垂衣袖，长裙曳地，身体左倾，作载歌载舞状，长裙与左衣袖在视觉上保持了平衡，显得身材娉婷，婀娜多姿；或一手上举，身体顺势同向倾斜，与另一侧下垂的长袖左右呼应，表现了舞人平衡与和谐的神韵（参考第二章、图 2-10 及图 2-11）。鸡心佩也是汉代常见的佩饰，中心是一圆形或近似圆形的小孔，外侧近似椭圆形的器身，并在外廓饰以镂空雕塑富于变化的纹饰，通过纹饰的打破平衡造型，将对称与局部失衡的对立统一巧妙结合，突出了鸡心佩的韵律美（参考第二章、图 2-8 及图 2-9）。

图 5-1　玉璧，山东省济南市出土，引自《中国出土玉器全集·4》图版 229

在中国古代审美观念中，讲究对称是一个传统的观念。从国家政治机构的设立，到大型的建筑设施，一般的生产生活用具，再到衣食住行的每一个细节，都体现了对称的基本要求。

第二节　汉代玉器的纹饰

汉代玉器在保持传统功能的同时，逐渐从礼仪用玉转变为代表时代和社会精神风貌的实用物和装饰物，开启了玉器的世俗化转型。萌芽于战国晚期玉器的现实主义艺术手法，秦汉时期有了更大发展，形成了以气韵生动为特点的玉器风格。其主要时代特征主要为写实与写意并行，内容丰富，题材增加，借助现实鸟兽的体态特征，创作出神兽一体、意境深邃、富有情趣的想象动物造型，纹饰更加生动优美，尤其是在纹饰组合上有了较大的发展。

一、几何纹饰

在几何纹饰方面，汉代玉器也有了显著的发展。几何纹饰被广泛用于玉器的基础造型装饰，如涡纹、卷云纹、谷纹、卧蚕纹、蒲纹和煦纹等。这些纹饰的线条委婉优美，自由灵动，同时又刚柔相济，展现出汉代玉器对线条运用的精湛技巧。

涡纹（图5-2内环纹饰）和卷云纹（图5-3内环纹饰），涡纹、谷纹和卧蚕纹（图5-3外环纹饰）有一定的发展联系。"很多汉墓出的璧，其涡纹及卷云纹多半是由蟠虺纹演变而来的，而更图案化"①。涡纹伸展加以延长并呈对称结构即演变成卷云纹，几条互相缠绕的卷云纹则形成了勾连云纹。谷纹看起来像颗粒饱满的稻谷，富有祈愿天降瑞祥，五谷丰登之意。汉代常有在琢刻谷纹之前先刻画涡纹，在涡纹上雕琢浅浮雕谷纹，即

---

① 　张容幼.汉代古玉纹饰的演变及其影响[J]. 东南文化，2003
　　（7）：71.

形成卧蚕纹，在汉代玉璧上尤其常见。

图 5-2　玉剑柄，江苏省扬州市出土，引自《中国出土玉器全集·7》图版 160

图 5-3　玉璧，河北省定县出土，引自《中国出土玉器全集·1》图版 200

　　汉代玉器中，涡纹和卷云纹是常见的装饰图案。在玉舞人的衣裙、动物的尾部等处加饰涡纹或卷云纹，使得整个图案更加活泼，增添了纹饰的流动感。蒲纹的纹样像蒲席编织的纹路，由三种不同方向的平行阴线或浅而宽的横线、斜线交叉组织成菱形方格纹。在制作工艺上，蒲纹可由阴线刻画而成，也可在方格内再减地半浮雕形成六角形的凸起。如江苏省高邮市神居山二号西汉"黄肠题凑"木椁墓出土的一枚神似乳钉纹的蒲纹玉璧（图5-4），一眼望去乳钉纹纹样饱满。放大镜可见，乳钉纹不是半圆形，而是六角形，实际上是立体蒲纹，因为是用琢蒲纹的方法琢出，只是将底子琢得深一点而已。这些凸起的六角形常带有玻璃光泽，展现了汉代玉器精湛的打磨技术。然而，由于打磨技术的问题，部分蒲纹在制作过程中可能被磨去，导致六角形不规整。有时，六角形凸起被打磨成圆形，就形成了乳钉纹。另一种情况是，在六角形底部刻画涡纹后再磨制成圆形凸起，这就形成了卧蚕纹。从出土的玉璧中可以清晰地看到汉代蒲纹、谷纹、涡纹和卧蚕纹的磨制步骤和工艺特色。

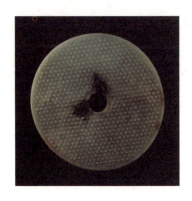

图 5-4　蒲纹玉璧　江苏省高邮市出土　引自《中国出土玉器全集·7》图版 111

　　乳钉纹又称"乳突纹"，形状为凸起的乳突状圆钉，排列形式不一，或纵横排列，或不规则排列，或琢在蒲纹交叉线所构成的空格里。乳钉纹原是商代青铜器上的纹饰，到了汉代大多用于玉璧上，起装饰作用，多在圆点四周用阴刻手法凸起。如河北省中山穆王刘畅墓出土的出廓玉璧（图 5-5），玉质青色，细腻温润。璧内、外缘为素面宽带，中间阴刻出乳钉纹，出廓部分对称雕两小螭，上端透雕二龙衔环，环上饰勾连云纹，让人联想到龙踏着祥云遨游的场景。乳钉纹在古代用以代表繁衍后代，多子多孙的吉祥寓意，该璧以多个龙和小螭出廓，代表了人丁兴旺、望子成龙的美好愿望。两侧以及上边的装饰两两相对，虽不是严格对称但也不失平衡，整体装饰效果疏密有致，清新淡雅，令人赏心悦目。

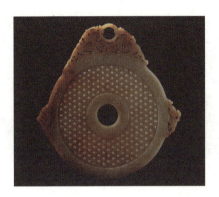

图 5-5　出廓玉璧　河北省定县出土　引自《中国出土玉器全集·7》图版 207

　　勾连谷纹、云纹，即是将谷纹、云纹用引线连接起来的一种纹饰，谷纹或云纹以阴线相勾连，呈排列整齐的几何形。图 5-6 为勾连谷纹珩（局部），安徽省巢湖市北山头 1 号西汉墓出土，青玉，龙身饰勾连谷纹。将单一的纹饰勾连起来，不仅在纹样上富于变化，更能增加了视觉与触觉的整体与精致的双重美感，谷粒满仓，云朵飘飘，又象征着汉代人对美好生活的愿望。

　　其次，短阴线的局部装饰起到了画龙点睛的作用。这些短阴线以优美的曲线形态，为器物增添了生动、灵活的气息，使得整个玉器充满了朝气。同时，直线与曲线的结合，形成了刚柔并济的艺术风格，共同塑造了汉代玉器的豪放特色。

图5-6　勾连谷纹珩　安徽省巢湖市出土　引自
《中国出土玉器全集·6》图版108

二、想象的动物纹

此外，汉代玉器中的想象动物纹饰也是一大特色。
这些纹饰主要包括龙、凤、螭虎、兽面以及青龙、白虎、
朱雀、玄武四灵等神秘生物。这些动物形象在玉器上被
赋予了沟通人间与鬼神世界、对抗邪恶侵袭的神性，成
为汉代人心中的守护神。其中，龙、凤、螭纹在汉代玉
器中尤为常见，被广泛用于玉铺兽、玉璜、玉觽、玉璧
等各种器物之上。这些龙、凤形象或矫健有力，或翩翩
起舞，展现出了汉代玉器的精湛雕刻技艺和丰富的艺术
想象力。而螭虎的形象则常见于玉具剑饰之上，为这些
武器增添了几分威严与神秘。

1.龙纹

龙是中华民族的图腾，体长威猛，能腾云驾雾，会

兴风降雨，在古代中国，龙被视为帝王权力和地位的象征，因此龙纹也被视为最珍贵的纹样，最早出现于红山文化时期，一直延续至明清时期，但在各个时期形状都有变化，一般分为兽身和蛇身两种，是历代玉器上的主要纹饰之一。如江苏省扬州市邗江甘泉"妾莫书"西汉墓出土的猪鱼龙纹环残（图5-7），采用透雕、浮雕、阴线刻手法雕琢而成，极为精美。整体云纹中饰对称的猪、鱼、龙形纹饰和绞丝纹等，猪体肥胖，龙身弯曲，形象生动，非常可爱，这种集合好几种纹饰而成的玉环尚属罕见。猪、鱼等动物象征着富足和美好，绞丝纹的应用不仅增加了作品行云流水般的视觉享受，更增添了把玩时的乐趣。复合的形象再加上复合的雕刻手法体现玉器丰富的审美层次和深厚的艺术内涵，给人较高的审美享受。

图5-7 猪鱼龙纹环，江苏扬州邗江出土，引自《汉广陵国玉器》图版37

2.凤纹

凤纹又称"凤鸟纹",玉器中的凤鸟纹是一种以鸟的形象为基础,综合其他动物外形而创造出来的纹饰。如上文提及河北省定县40号墓出土双凤饰系璧(图5-3),恰到好处地展示了汉代凤鸟纹的特征。这件玉璧的造型是大玉璧套小玉璧式,大玉璧的两侧边缘透雕凤鸟纹,凤鸟弓着身,张大嘴巴,扭头鸣叫,身姿有凌空飞翔之意,充满灵动、飞扬的动感。对称的凤纹又代表着以高贵仁义的凤鸟抬璧与天沟通之意。《山海经·南次三经》载:"又东五百里曰丹穴之山。其上多金玉。丹水出焉,而南流注于渤海。有鸟焉,其状如鸡,五彩而文,名曰凤凰,首文曰德,翼文曰义,背文曰礼,膺文曰仁,腹文曰信。是鸟也,饮食自然,自歌自舞,见则天下安宁。"可见先秦时期凤鸟就已经是德、义、礼、仁、信的象征,此玉器包含着儒教思想中对天的虔诚敬意。又如安徽省巢湖市北山头1号墓出土的龙凤纹佩(图5-8),白玉,边缘有褐色沁斑,镂雕出并列卧姿龙凤,龙做回首状,口衔凤翅,曲身与凤身相缠绕,凤做昂首挺胸张口似名状,尾背上刻有"四丁"二字,两面纹饰相同。整体造型优美,镂刻精致,线条流畅,刚劲有力。龙凤纹相交有阴阳和谐、夫妻和睦、子孙兴旺之意。此器对于龙凤交置的塑造,颇具匠心,既很好地表现了龙凤如胶似漆交置相拥的状态,又很好地凸显了各自的形体和层次。此外楚人崇拜凤图腾，渴望凤能够引导人的灵魂通向天国，于是在巫的观念驱使之下，凤的形象具有飘逸流动的美感，从而形成楚文化诡谲绮丽的独特风格。汉代延续了楚人尊凤的文化传统，继续把凤作为造型和装饰艺术的主体独立凤纹或龙凤云气组合象征祥瑞和平。

图 5-8　龙凤纹佩　安徽省巢湖市出土　引自《中国出土玉器全集·6》图版 112

3.螭纹

螭是汉族传说中的一种没有角的龙，做张口、卷尾、蟠屈状，因此将纹样称为蟠螭纹。如湖南省长沙市五里牌 7 号墓出土螭纹鸡心玉佩（图 5-9），白玉，局部有黑色沁。扁平体，俯视略呈椭圆形。主体作心形，中部有椭圆形孔，周边为透射双螭纹饰，阴线刻螭的五官和腿爪，在心形上下左右缠绕，整器构思精巧，线条流畅，造型严谨生动，给人一种强大的力量感，堪称汉玉中之精品。

图5-9　螭纹鸡心玉佩　湖南省长沙市土　引自《中国出土玉器全集·10》图版221

　　螭纹、龙纹和凤鸟纹是汉代玉器上动物纹中的主流纹样，所以可以说追求动感和对力量的表达是汉代玉器的重要特征。

　　4.兽面及四灵纹

　　春秋之前的兽面纹通常突出表现其面部特征，双眉倒竖，怒目圆睁，牙齿尖利，凸显凶狠、威严、神秘的特征和视觉感受。随着春秋时期礼崩乐坏，玉器开始走下神坛，越来越多地成为装饰品和生活用品，虽然动物纹依然是主要的装饰纹饰，也具有一定的辟邪压胜之意，如出土的铜铺首、玉铺首上的兽面纹、有些玉具剑上装饰成组的兽面纹等，其兽面獠牙毕露，凶神恶煞的造型足以驱鬼辟邪，神秘、威严的氛围减少，而加强了威武、灵动的气势，节奏更强、曲线更丰富，缠绕、穿插、重叠的造型手法更多样，使兽面越来越有装饰意味。

　　四灵纹多见于汉代的瓦当及漆器，在玉器纹饰中并不多见，但每一次出现都令人印象深刻。例如陕西省兴平市汉武帝茂陵出土的兽面四灵纹玉铺首，巧妙地将兽面形象与四灵结合在一起（图 5-10）。在这件玉器上，兽面的右方饰张口怒目的青龙，身体细长，其前肢下方琢朱雀首，嘴巴张开，呈下钩状，作回首望尾姿态，尾部伸至兽额，浅浮雕涡纹形，并琢以阴刻涡纹，左上白虎，右下玄武，即一龟一蛇的形状。

图 5-10　兽面四灵纹玉铺首　陕西省兴平市出土　湖南省长沙市土　引自《中国出土玉器全集·14》图版 132

5. 螭虎纹

螭虎形象是汉代玉器中另一常见的想象动物纹饰。它们主要见于玉具剑饰和玉印印钮之上，被刻画成短耳、圆眼、猫鼻的形象，神情凶狠而四肢矫健。西汉前期的螭虎形象多继承战国时期形制，常采用二螭并雕的方式。而到了西汉中晚期至东汉时期，螭虎形象逐渐发展出汉代特色，采用浅浮雕或高浮雕技法进行雕刻。它们隐约穿行在云气之中，形象生动逼真，充满了神秘感和力量感。如安徽省巢湖市放王岗 1 号汉墓出土白玉虎纹韘形佩（图 5-11）。白玉，半透明状，整器略呈椭圆形，正面微鼓，背面内凹，中间有圆孔，器身似龟甲状。左右两侧透雕出相向的双虎身躯。獠牙、四足和尾部采用浅浮雕的方法琢刻，两虎均张口做吼状，双目前视，两耳伏于颈部，索状尾下垂，显得憨态可掬。末端内卷，正、反均用细线雕刻卷云纹，整器构思精巧，线条流畅，造型严谨生动，给人一种强大的力量感，堪称汉玉中之精品。

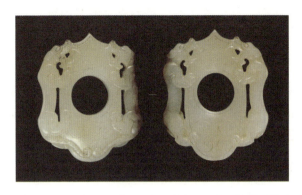

图 5-11　白玉虎纹鞢形佩　安徽省巢湖市出土　引自《中国出土玉器全集·6》图版 122

　　这些想象动物纹饰，无论是写实还是写意，都根据器形的灵活变动而呈现出独特的艺术效果。通常情况下，组合纹饰以写实手法刻画，而在玉璧、玉璜中的龙、凤造型则多采用写意手法，注重神态的传达和意境的营造。其中，龙、凤纹饰在汉代玉器中占据重要地位。龙头常被雕琢成方目、柱鼻、牛角的形象，身躯细长卷曲，以健壮有力的腿与尾相交。整体以卷云纹或变形涡纹装饰，线条流畅圆润，形象生动飘逸，富有神采。凤纹则通常呈现高冠、圆睛、曲喙、长尾的特征，作回首顾盼状，身体蜷曲。头冠、尾部雕刻流动的卷云纹和变形涡纹，使得整个形象更加灵动和优雅。此外，这一时期还常出现母子双螭的造型组合，母螭的端庄与子螭的活泼相互映衬，使得整个造型充满了生活气息和人情味。这与西汉前期肃穆与威严的风格形成了鲜明的对比。

三、其他纹饰

在汉代玉器纹饰的发展中，东汉时期出现的吉祥用语的出廓玉璧无疑是一个重大的变化。这些吉祥语常常被置于出廓玉璧的璧外，或者巧妙地琢刻在璧身之上，与镂雕花纹相互融合，形成了一种独特的艺术风格。其制作要求甚高，是玉璧发展到最高阶段的标志，目前出土数量非常少，由于文字多为祈福喜庆的内容，具有吉祥寓意，所以又被称为"吉文璧"。文字方面，汉代时期，篆、隶字体被广泛应用于这些吉祥语的雕刻中，如"宜子孙""长乐""未央""益寿"等，字体圆润浑厚，不仅展现了汉代书法的独特魅力，更反映了当时人们祈求泽被后世、健康长寿的美好生活愿望。

如东汉扬州老虎墩汉墓出土的"宜子孙"玉璧（图5-12），是一件内部带镂空且具有出廓特征的玉器，内部透雕一对螭纹，分别位于玉璧中轴线的两侧。双螭造型流畅，自头至尾扭曲成多个弯度，动感十足。双螭之间夹带纵向排列的"子孙"二字，正好位于中轴线上，庄严对称，寄托了对子孙后代的美好祈福与祝愿，出廓部分为一只透雕形式的拱身回首的凤鸟。汉代人希望寓意吉祥的螭和凤鸟能够带给子孙祥瑞，其腹下添一"宜"字，整体结构平稳，动物纹与汉字的结合，不仅清晰地表达出玉璧的含义，也使装饰风格更显多变与繁复。

图5-12　"宜子孙"玉璧　江苏省扬州市出土，引自《中国出土玉器全集·7》图版161

　　总的来说，汉代玉器在纹饰及造型上经历了显著的变革。一方面，新的纹饰造型不断涌现，雕刻手法也取得了很大的创新。另一方面，与汉代以前相比，神秘的宗教色彩在汉代晚期玉器中逐渐减少，而纹饰则更多地朝向优美的风格发展，成为人们日常生活中不可或缺的装饰元素。这些变化不仅丰富了汉代玉器的艺术内涵，也为我们了解那个时代文化、审美和生活态度提供了重要窗口。

第四节　汉代玉器的艺术风格

审美观念不仅体现了人们对事物外在美的认知，更深层次地展现了人们对美本身的追求，这种追求常常内嵌于事物的内在美之中。汉代玉器，以其气势宏大、豪放雄健、古拙质朴、浪漫飘逸的艺术风格，繁多且丰富的种类与题材，以及精美绝伦的雕琢工艺与技法，彰显了其在汉代社会生活中的举足轻重之地位，同时也为后世留下了鲜明的时代精神印记。当我们凝视这些汉代玉器时，不禁会思考其背后所蕴含的美学意义。诚然，"文物的美学研究不能仅仅停留在物质层面，它必须深入到审美主体的研究中，去探寻凝结在文物上的人们的美感认识"。[①] 这种美感认识，是遥远而又神秘的，它属于那个时代的审美主体——人，是他们内心世界与情感状态的反映。因此，通过剖析汉代玉器的华美形制，我们可以一窥汉代社会的精神风貌与审美意识。

一、具有张力与动感

汉代玉器审美特征中最为引人注目的特点，便是其所具备的那种无与伦比的张力和动感。这里的"张力"一词，虽然最初起源于物理学领域，但在本书的语境中，

---

① 　王政.历史文物的美学研究[N].光明日报，200104-24.

我们主要探讨的是艺术张力，更具体地说，是视觉张力。艺术张力由物理张力引申而来；两者之间存在着微妙的差异。物理张力，顾名思义，是一种力的平衡状态，是物体间相互作用的结果。而艺术张力，则是一种更为抽象、更具倾向性的外显性作用力。它并非物理意义上的力，而是通过艺术作品的形式元素，如线条、色彩、构图等，所产生的相互抗衡、相互牵引的视觉感受"力"。正如艺术理论家阿恩海姆所言，任何物体，只要其视觉形象呈现出类似楔形轨迹、倾斜方向、模糊或明暗相间的表面等知觉特征，我们便会感受到其视觉上的张力[①]。这种张力，实际上是一种视觉上的紧张感和动态感，它能够引导观者的视线，激发观者的情感，使艺术作品更具吸引力和感染力。艺术张力的产生，离不开相互矛盾、对立的冲突因素。换句话说，只有在作品中塑造出相互对立、冲突的矛盾因素，才能营造出强烈的艺术张力。如果一幅作品的构图、造型、结构过于整齐统一或一目了然，那么它就很难产生出令人震撼的艺术张力。因为艺术张力需要一种视觉上的对比和冲突，需要一种"力"的抗衡和较量，才能产生出那种引人入胜、扣人心弦的视觉效果。

---

① [美]鲁道夫·阿恩海姆.艺术与视知觉[M].四川人民出版社，1998：596.

从呈现的载体上来说，艺术张力可以分为形式张力和精神张力两大类。汉代玉雕作为一种独特的艺术形式，自然也不例外。它所具备的形式张力和结构张力，主要是通过线条的流畅与顿挫、形状的饱满与空灵、空间的开阔与幽深等要素来体现的。这些要素相互交织、相互映衬，共同营造出一种紧张而富有节奏感的视觉效果。而这种形式上的张力，又进一步引发了精神上的张力。因为艺术形式不仅仅是视觉的呈现，更是情感的载体。汉代玉雕通过其独特的形式语言，传递着古人的审美追求、精神信仰和情感体验。当我们置身于这些充满张力的艺术作品之中时，我们的情感也会被深深地触动和感染，从而产生出强烈的审美共鸣和精神震撼。

1. 汉代玉器的艺术张力

对于雕塑艺术而言，形式张力和精神张力是两种至关重要的力量，它们能够激发观者的紧张感和兴奋点，进而引发情感的强烈共鸣。这种张力不仅向外扩张，更在实质上拓展了艺术自身的表达空间。以汉代镂空雕犀形佩为例（图5-13），其巧妙依托长形玉料，塑造出一只背部拱起、颌足相接的犀牛。无论是犀的身躯轮廓、头角形态，还是腿部弯弧的细腻线条，都采用了优雅的曲线设计。这些曲线不仅赋予了雕塑以流动的美感，更在无形中产生了一种张力和弹性，使得整个作品充满了生命力和活力。此外，不同造型的雕塑还会引发观者不同的视觉心理张力。例如，横长方形的雕塑在左右方向上产生的张力最为强烈，而竖长方形则更容易在上下方向上形成张力。这种设计上的微妙变化不仅影响了雕塑的整体美感，更在无形中引导着观者的视觉感知和情感共鸣。

图 5-13 犀形玉佩 广东广州南越王墓出土，引自《南越王墓 玉器》图版 53

其次，在汉代玉器造型中，曲线的运用尤为突出。与直线相比，曲线更能够表现出强烈的弹性张力和动态美感。因此，汉代玉工在创作中大量采用了 S 形构图，将主体纹饰的身躯、尾部等线条均设计为优雅的曲线。这些线条不仅极富力度和动感，更在视觉上产生了一种强烈的张力效果，使得整个作品充满了生命力和艺术魅力。尤其是各种龙纹、凤纹、螭纹的雕刻，更是通过张力十足的肌肉轮廓展现出了惊人的艺术效果。

西汉时期的玉工们深谙曲线的心理效应，因此在两汉的玉器造型及纹饰设计中，S形曲线被大量运用，展现出独特的艺术魅力。例如，徐州狮子山出土的竖S形玉龙佩（图5-14），其造型刚劲威猛，又不失流畅之美。玉龙身体呈S形卷曲，龙眼圆睁，龙嘴张开，露出锐利的龙齿。龙须与鬃毛向两边翻卷，前肢水平曲折，爪趾锐利，龙尾上卷并水平削平。整个玉龙佩通体饰有蚪状旋涡纹，采用阴线浅浮雕、局部透雕和镂空等手法，将螭龙蓄势待发的意蕴表达得淋漓尽致。

图5-14　龙形玉佩　江苏省徐州市出土　引自《中国出土玉器全集·7》图版122

除了曲线之外，汉代玉工还擅长使用曲面来营造艺术张力。曲面产生的视觉张力比平面更强，能够赋予作品更加立体和生动的视觉效果。如陕西省蒲城县贾曲乡西贾曲村遗址出土的玉牛（图5-15）就是一个典型的例子。这件作品整体造型简洁大方，牛背部通过曲面连接形成一个极具力度的S曲面。牛四腿曲伏呈卧姿，头微抬前伸的神态又强调背部曲弧面的张力，使牛看上去栩栩如生，似乎马上就要一跃而起。从这些曲面的运用也可以看到汉代工匠们对动物属性特征的熟谙。

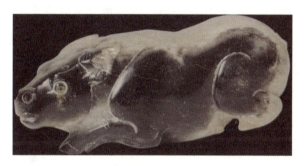

图5-15　玉牛　陕西省蒲城县出土　引自《陕西出土汉代玉器》图版238

因此，可以看出汉代的玉器工匠已经熟练使用现代的视觉原理，并在对形体进行装饰性夸张处理时，能够准确把握动物的结构、形体特征和性格特点。这使得他们的作品在展现艺术张力的同时，又能保持和谐统一的整体效果。

在艺术创作中，平衡、对比、节奏和韵律等形式美的法则对于提升作品的视觉张力和艺术深度至关重要。

这些法则在自然界和日常生活中无处不在，为艺术家提供了无尽的灵感。玉雕艺术中，这些法则尤为显著。平衡、对比的运用使得玉雕作品在视觉上更加吸引人。然而，节奏和韵律在玉雕中的体现更是赋予了作品独特的生命力。造型、形态大小、长短、曲直、粗细、疏密、刚柔的规律性变化，共同构建了玉雕作品的节奏和韵律。特别是汉代玉器，其纹饰设计中重复组合的手法，如云纹、龙纹和云气化效果，不仅增强了装饰性，更在造型上形成了强烈的节奏感及和谐的韵律。这种对节奏和韵律的精准把握，使得汉代玉器在静态中透露出动态的生命力。但汉代玉器的魅力远不止于此。它不仅仅善于塑造形式上的张力，更擅长于塑造精神张力。精神张力，在这里指的是作品所传达出的内在情感和意境。汉代玉器通过其独特的造型和纹饰，成功地表现出一种速度感、运动感和生命力，使玉器的造型从静态转变为动态，仿佛每一件玉器都在讲述一个动人的故事，充满了天马行空的活力。这种对形式张力和精神张力的双重塑造，正是汉代玉器的独特之处。它使得汉代玉器不仅在视觉上具有强烈的冲击力，更在精神上与观者产生共鸣。这种正是我们所追求的艺术至高境界。如本书第四章提及的河北满城中山靖王刘胜墓出土，玉剑首、玉剑格、玉剑珌、玉剑璏（图4-11）。其玉剑首采用浮雕、透雕、线刻螭虎图案，雕出五只螭虎，盘绕云间，而剑珌则采用高浮雕螭虎，螭虎盘绕于珌的两面，首尾躯干动态盘旋，姿态威武狂放，伸首瞠目、鼻阔口张做攀爬跃起之势，产生出十分强烈的视觉动态。这组剑饰形象生动，雕琢精致，结构布局疏密错落，动物姿态刻画线条丰富：兽兽阴刻曲线流畅舒展；四肢以遒劲的短直线概括运动中肌肉走势，尾部纽纹紧致有支撑力，云纹概括放松的线条与兽相连，松紧线条的交替使用产生极具动势的视觉效果。汉代玉器通过灵活运用平衡、对比、节奏和韵律等形式美的法则，成功地塑造出具有强烈形式张力和精神张力的作品。

2. 汉代玉器的动感

玉器的动感与其所展现的张力效应紧密相连。尽管玉器作为雕塑呈现为静态形式，但运动感或动态特性却是其审美效果中不可或缺的因素。艺术家们特别关注作品的运动感，通过捕捉富含内在能量和潜在动能的瞬间造型，创造出震撼人心的张力。这种对运动感的强调突显了物体间并非静态关系，而是一种动态互动。汉代玉雕艺术家常采用运动造型，不仅体现在姿态动作所带来的视觉动感，也体现在偏离重心的倾斜中，以此营造视觉张力。（图 5-16）

图 5-16　玉舞人　广东省广州市出土　引自《中国出土玉器全集·11》图版 120

汉代玉器线条造型和纹饰描绘的运用也尤为出色，为玉器赋予了饱满的生命力和强烈的动感。这一时期的铁制工具普及，使得玉器线条更加丰富多变，雕刻起来更加得心应手。汉代玉器特别擅长运用流畅的曲线和弧线来塑造形体，这些线条生动流畅，绝无滞涩呆板之感。因为曲线和弧线能产生一种饱满、浑厚的膨胀力，使得玉器的造型具有一种向外扩张的饱满张力。

如本章提及汉代的玉牛图（5-15）与西周时期的玉牛[①]（图 5-17）相比，更能体现出线条所表现出的视觉动

———————

① 孙庆伟，慕庆良，段德新.渔国玉器[J]. 北京：文物出版社，2010：235.

感差异。玉牛通过简单的线条和形状，配合轮廓的弯转以及腿部肌肉比例的夸张，成功地衬托出整件作品蓄势待发的动感。这种动感的表现正是中国哲学上所说的"静中有动、动静相宜"的生动体现。而西周的玉牛则显得外轮廓几何形状规整、明显，曲线较为钝拙，不流畅，头部与躯体转折之处直线较为生硬，四肢仅以外轮廓浅刻加以区分。

图 5-17　西周时期的玉牛　引自《渔国玉器》，文物出版社，北京，2010 年

　　这种动感和速度的出现并不是偶然的，而是深受楚文化的影响。在汉代经学束缚的背景下，楚文化以其原始的活力和野性对当时的审美趣味产生了深刻的影响。楚文化追求个体自由的作风和浪漫自信的特色，使得汉代艺术充满活力、动感十足。在汉代玉雕造型中，动感的营造主要通过动态、动作或运动造型、空间变形来实

现。强烈的动态、动作可以分为两种情况：一种是由于大幅度的动作产生强烈对比，从而使造型产生视觉张力；另外一种则是大体块的强烈扭动，使造型充满视觉张力。

艺术张力具有极大的审美价值，能够刺激欣赏者的观赏兴趣。汉代玉器设计的艺术法则和奥秘就在于擅于营造张力和动感。这种张力和动感不仅通过设计、构图来实现，还通过特定的纹饰和不同的造型手段来达到目的。从制作意图来看，彰显玉器的艺术张力、体现造型的形式张力和内在的精神张力才是汉代玉器制作的最高目标。审视中国历代玉器，就会发现一个规律：不成功的作品往往就在于艺术张力的缺失或者把玉器当作直接"载道""言志"或阐释某种思想文化的工具，这既是缺少精神张力的追求也会使作品的艺术性削弱。因此，在制造张力时要适度把握，既要令人耳目一新又不能因过度给人带来心理上的不适或紧张。汉代玉器的造型自觉追求适当的艺术张力，使得作品能够极大地激发观者的艺术想象力并使观者处于一种能动的适度紧张状态，从而使作品充满生气和活力。

二、气势浩大、豪放雄健

1.雄健古拙的体量感

玉雕，作为雕塑艺术的一种表现形式，自然承袭了雕塑对于体量感的重视。体量感不仅是加强整体气势的关键要素，更是玉雕作品艺术表现力的重要来源。在这里，"体"指的是造型的轮廓和形体，而"量"则通过体块的大小、分量和气势得以体现。体与量相互依存，共同构建了作品的视觉张力和精神饱满程度。尽管汉代玉器的实际体积并不大，但它们所呈现出的视觉效果却往往远超其实际大小。这种宏大的视觉感受，源于汉代玉器独特的整体化造型特征。艺术家们善于捕捉形象的大动势，而不是过分拘泥于细节的表现。这种处理方式使得作品在整体上呈现出一种雄健壮美的特征，同时又不失传神的精雕细琢。以1972年陕西咸阳汉元帝渭陵建筑遗址出土的"玉辟邪"（图5-18）为例，这件作品呈突胸卧姿，玉色青白并伴有天然紫红色斑。四肢弯曲前伸，张口露齿，仿佛正在疾驰之中。其双眼圆瞪，神情凶猛，犹如在吼叫一般。头顶额部还伸出一角，角端呈分叉状，使得整个造型更加生动逼真。这件作品被设计成匍匐爬行之状，仿佛正在悄悄地向猎物靠近，其神情可谓是惟妙惟肖。

图 5-18　玉辟邪　陕西省咸阳市出土　引自《中国出土玉器全集·14》图版 164

汉代玉器以其洗练简约的风格、意趣充沛的表现力以及雄健古拙的体量感而著称。这些作品不仅展现了汉代博大精深的文化底蕴和天真稚拙的时代风貌，更以其强烈的艺术感染力深深打动了观众。可以说，汉代玉器在体量感的处理上达到了极高的艺术水准，为后世玉雕艺术的发展树立了典范。

2. 遗形取神的创作原则

汉代玉匠在玉雕的创作过程中，能够准确抓住对象的内在特征，而非拘泥于形象上的细枝末节。他们运用粗犷的轮廓勾勒，以凸显事物的内在精神。这并不是说要完全忽视"形"的存在，而是在把握事物外形的基础上，通过深入刻画其神韵，展现其本质特征。这种创作方式体现了汉代玉工"以神写形，以形传神"的核心创作原则。尽管汉代艺术尚处草创阶段，表现出一种幼稚、简单和拙笨的特点，民间艺术与文人艺术尚未分化，显得有些粗疏，难以称之为精英艺术。然而，汉代玉器却以其独特的美学特点成为该时代的典范。它们看似粗疏实则简约，整体造型充满稚拙之美，艺术表现上虽显得随意，实则凝聚了艺术家的匠心。汉代艺术以其粗犷豪放、浪漫洒脱的风格，展现出一种蓬勃旺盛的生命力。这种力量、运动和速度在艺术上的体现，赋予汉代玉器以震撼人心的美感和不可阻挡的气势。

　　以广州象岗山南越王赵眛墓出土的西汉圆雕玉舞人为例（图5-19），作品中的舞者身着右衽长袖衣裙，扭腰并膝，右手向侧后甩袖，左手上扬至脑后，长袖曳地，仿佛正在边歌边舞。整件作品雕工简约却姿态生动，充分体现了大匠不雕、遗形取神的创作原则。这种对形态的超越和对神韵的追求，使得汉代玉雕在表现动物时更具野性之美，在无细节夸张的姿态中彰显了力量、运动和气势的完美结合。

图 5-19　玉舞人广东省广州市出土　引自《中国
出土玉器全集·11》图版 122

　　汉代玉雕与石刻一脉相承，展现了一种独特的审
美追求。即以高度概括的手法，突出主体气势，去除繁
复细节，追求形态的神似与古拙之美，以及表达的简练
与明快。这一风格，恰好反映了中国封建社会上升期的
磅礴精神风貌。南越王赵眜墓中出土的西汉中期镂空浮
雕铺首衔环璧饰（图 5-20），在造型设计上，展现了汉
代玉雕卓越的整体性。这件铺首衔环璧饰，整块玉料经
过精心雕琢，浑然一体。玉色浅黄，整体构造融合了兽
首与漩涡纹璧的元素。玉璧扁圆，边缘饰以旋纹，布局
规整和谐。兽面的形状方正，纹饰排列井然有序，横竖
有序。这种设计巧妙地结合了圆形与方形，动与静，点
与线，形成了鲜明的对比。在强调整体性的同时，汉代
玉雕也不失对节奏和细节的精细处理。如图中所示的方

形兽首，其轮廓规整，内部却巧妙地融入了云纹、凤、龙等多种纹样及元素。尽管外部轮廓呈现出几何形的收敛，但内部纹饰却简洁而不失韵味。这种设计巧妙地利用了兽首的结构，显示出各元素的动态轮廓，看似复杂，实则是对整体形态的高度概括和提炼。

图 5-20　兽首衔璧　广东广州南越王墓出土，引自《南越王墓玉器》图版 34

3.粗犷豪放、蓬勃进取的精神风貌

汉代玉器以其异常简洁、单纯的整体形象著称，其特点在于浪漫且夸张，充满张力与动感，追求神韵的呈现。这种玉器融合了雄健与浪漫的元素，展现出质朴凝练、大巧若拙的审美情趣。汉代玉器的魅力不仅在于其形式的展现，更在于其深刻反映社会政治生活主题以及人们的精神面貌。为了凸显玉器所蕴含的旺盛生命力，

汉代玉工不仅在外部造型上塑造了饱满、富有张力的艺术形象，同时也在审美趣味上强调了表现对象的内在生命力和精神内涵。由于玉材的珍贵，早期的玉雕动物作品较为罕见。然而，到了汉代，世俗化和艺术化的动物玉雕作品开始大量涌现。这些作品中的动物形象充满了野性，其夸张的姿态虽无过多细节，却足以彰显出震撼人心的力量与运动之美。例如本章提及的陕西茂陵附近出土的兽面四灵纹玉铺首（图5-10），以完整的青玉雕刻出四神形态，既华美庄重又生动活泼。其兽鼻子呈现方桥形，中间有銎，衔璧，形象凶猛却不失美感，透露出一种野性的魅力，令人敬畏。如果说雄健古拙是汉代玉器的外在风貌，那么其背后所蕴含的则是汉代积极进取、乐观向上的人文精神，以及汉代社会蓬勃旺盛的生命力、昂扬的生机和活力。

正如宗白华先生在《美学散步》中所言，"美与美术的精髓在于'形式'与'节奏'，而它们所表现的则是生命的内核，是生命内部最深沉的律动，是条理清晰的生命情调。"[1]任何时代的艺术作品都是对那个时代社会心理和精神氛围的写照。艺术是反映一个时代政治、经济、文化、精神风貌以及社会心理的镜子，而汉代艺术则生动地展现了汉代社会生机勃勃的精神面貌。汉代

---

[1]　宗白华.美学散步[M].上海：上海人民出版社，2005：9.

社会充满了生机与活力。在那个变幻的时代，汉代人满怀建功立业的豪情壮志，展现出奋进、强健、博大的时代精神。汉代的开拓不仅体现在领土疆域的扩张上，更体现在广阔的精神领域和文化思想世界的繁荣上。这种时代精神在艺术中得到了充分体现，追求体天象地、包蕴山海、天人一体的宏大气派，表现出蓬勃向上、积极进取的时代气息。因此，汉代的各类造型艺术，如画像石、书法碑刻、雕塑（包括玉雕）等，都共同呈现出豪放、雄健的艺术特征，彰显了汉代的审美意识。

汉高祖皇后吕雉的玉玺（参见本书第二章图 2-5）堪称汉代玉器的瑰宝。这枚玉玺选用了上乘的无瑕和田羊脂白玉，其质地细腻，色泽温润，犹如凝脂，彰显出皇家的尊贵与奢华。玺钮上精心雕刻着一只螭虎，它扭身匍匐，盘踞于云端，双目怒睁，方唇微张，露出锋利的牙齿，双耳和尾部顺势贴藏于躯干之中，整个身体扭曲摆动，仿佛随时准备跃然而出。玺面上刻有"皇后之玺"四个篆书字体，字形规整，线条流畅，充满了古朴典雅之美。这四个字不仅表明了玉玺的主人和用途，更是汉代书法艺术的杰出代表。整个玉玺的雕琢工艺具有典型的汉玉特点，朴茂浑厚，又不失细腻精致。在构图布局上，这枚玉玺体现了汉代工匠的严谨态度和精湛技艺。无论是整体的布局还是局部的细节处理，都做到了布白匀称、虚实均衡，使得整个作品既和谐统一又富有变化。

汉代是充满生命活力与激情的时代，这种积极进取的精神在马的造型艺术中得到了完美体现。在古代中国社会中，马作为六畜之一，其地位举足轻重。尤其在汉代，马不仅是人们现实生活中的重要伙伴，更在战争中发挥着越来越突出的作用。在汉代艺术作品中，马成为重要的创作素材，如《马踏匈奴》、《跃马》、《卧马》以及武威墓的铜铸《马踏飞燕》等作品，都展现了马的飞扬气势。马在古代被人们视为龙的化身，被赋予了积极进取的文化象征意义。[①]汉武帝时期发兵攻打大宛，目的就是为了获取珍贵的汗血宝马，这充分反映了马在汉代社会中的重要地位以及汉人的民族心理。因此通过对汉代的玉羽人奔马（图5-21）深入剖析有助于窥探汉代玉雕所蕴含的时代精神和盛世风貌。

[①] 李丹.汉代马雕塑的造型艺术探究[D].北京：北京服装学院博士论文，2012.

图 5-21　玉羽人奔马　陕西省咸阳市出土，引自
《中国出土玉器全集·14》图版 157

　　这件作品高 7 厘米，长 8.9 厘米，采用新疆和田白
玉雕刻而成，色泽温润如羊脂。玉雕整体造型生动，由
奔马、仙人和底座三部分组成。马匹高大健壮，躯体前
倾，长尾高扬，四蹄腾空，展现出强烈的动感。仙人则
头戴纶巾，身着羽衣，昂首挺胸，双手紧握马鬃，两腿
紧贴马腹，形象威武异常。底座上线条缠绕的祥云以及
马前肢和马尾与底座相接的云柱，都增添了作品的神秘
与浪漫气息。整个作品构思巧妙，雕工精湛，是对现实
中宝马良驹的艺术化再现。在造型上，汉代玉马继承了
秦代马雕塑的艺术风格，运用高度概括的手法表现主
题，去繁就简，注重整体感和形神兼备的写实风格。然
而，与秦代玉马相比，汉代玉马在精神气质上更加饱满，

体态更加健壮，充满着力量的美感。这种美感正是汉代社会刚健有力、自强不息精神的生动写照。在强大的汉代上升时期，尤其是汉武帝时代，皇权进一步巩固强化，四海统一的大背景下，汉代统治阶级渴望支配外部世界的强大信心和力量需要在各种艺术形式中得以表现。这使得包括玉器在内的整个汉代艺术推崇一种博大、崇高之美。正如鲁迅先生所评论的那样："惟汉人石刻，气魄深沉雄大。"

汉代社会的蓬勃生机和激扬进取的社会风气直接影响了汉代玉器的审美取向。在这种社会基础和深层原因的推动下，汉代玉器呈现出勃勃生机的艺术风貌。玉羽人奔马等作品正是这一时代积极进取精神的缩影和写照。

三、简洁的写意、自由灵动纹饰

1.简洁明了的写意塑形

汉代玉器以其巧妙的构思和概括的造型，深刻体现了写意的艺术精髓。写意，作为中国艺术家的独特强项和艺术精神的核心特征，要求创作者深入把握对象的内在特质，并着重展现其神态与意趣，从而传达出主观情感和审美理念。在历代雕塑艺术中，汉代玉器无疑树立了一座写意的丰碑，其写意之美不仅仅局限于造型，更是深入到了精神层面。汉代制玉工匠在创作时并不拘泥于对客观物象的精确再现，而是更加注重对物象神韵的捕捉与表达。无论是作品的立意、造型还是艺术表现手法，都体现出了对意象性的强烈追求。这种追求在浪漫夸张的艺术创作手法中得到了充分体现，动物形象被赋予了鲜明的动态特征，经过制玉工匠的主观加工和美化，充满了想象力与夸张元素，呈现出不求形似、高度概括的艺术特点。这种特点正是东方造型观念的生动体现。

　　以玉蝉（参见本书第二章图2-8）和玉翁仲（图5-22）为例，汉代玉匠能够运用极简的线条便精、准地勾勒出了它们的头部和身躯结构。汉代玉雕艺术善于捕捉典型而生动的瞬间，通过夸张、变形和概括的手法突出表现对象的动态特征，将生动美好的瞬间动作定格化，从而舍弃了形骸的束缚，追求神韵的传达。这种表现方式具有很强的寓意性和象征性。

图 5-22　玉翁仲江苏省扬州市出土，引自《中国出土玉器全集·7》图版 159

　　另一件典型的汉代玉雕精品是陕西咸阳汉元帝渭陵西北出土的西汉玉鹰（图 5-23）。这件作品采用白玉雕刻而成，色泽温润。艺术家运用圆雕、高浮雕和阴线刻等手法进行精心雕琢。玉鹰的眼、嘴和背部羽毛均通过阴线刻画得细腻入微，局部还保留了红皮色作为点缀。鹰喙呈钩状，双翼平展，尾羽散开，仿佛正在高速俯冲捕猎。整个作品风格浑厚古朴，线条流畅自然，一只羽毛刚丰满的雏鹰形象呼之欲出。这件玉鹰不仅材质上乘、造型生动逼真，而且雕琢工艺精湛、保存完好，无疑是汉代玉雕艺术中的瑰宝。

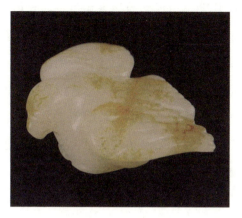

图 5-23 玉鹰陕西省咸阳市出土，引自《中国出土玉器全集·14》图版 160

汉代工匠们在雕刻时手法大胆且富有创意，往往寥寥数刀便能精准地勾勒出动物的形象，其神态刻画既夸张又概括。他们追求的是神韵的传达，强调意象、气韵以及意境的营造，并注重对事物内在气质的表现。例如，1966 年在陕西省咸阳市周陵乡新庄村出土的羽人奔马（图 5-21），便是汉代玉雕艺术的杰出代表。这件作品的造型选取了马最具典型的奔跑姿态，却并非完全忠实于现实，而是经过了艺术化的夸张和变形。这种创作手法既忠实于现实，又超越了现实的束缚，追求的是意象性和艺术化的表达。正是这种夸张的意象性和变形，成功地表现出了天马的神速和灵动。

羽人奔马不仅是汉代工匠精湛技艺的结晶，更是汉代帝王求仙升天思想观念的艺术化反映。它体现了汉代人对于"羽化登仙"、长生不死的深深向往。在汉代的文献、画像砖和图像中，我们可以看到汉人对于世外仙岛和长生不老异兽神人的信仰。这种信仰也影响了汉代玉雕动物的创作，使得它们常被赋予超自然的能力和浓郁的浪漫气息。为了刻画出马的雄健有力，玉匠们采用了极其夸张和变形的艺术手法，使得马的形象看起来既灵活又有力，飞奔自如。马背部的线条被刻意处理成直线，躯体也被有意加长，以凸显出前冲的力量和动感。奔马的脚部被刻画得细而刚健有力，既符合良马的形象特征，又有助于营造出飞驰的意境。玉奔马是马的艺术化再现，它既概括又夸张，不完全等同于生活中的马。其轮廓有力，体积转折明显，形象呈现出方头平腹的特点。这种形象和造型符合战斗性格的意象，展现了汉代人的勇敢和斗志。作为浪漫主义的杰作，"天马"是人格化了的马，既写实又夸张，代了汉代自由、浪漫的精神风貌。它让人强烈地感受到汉民族蓬勃的生机与活力以及积极进取、生机勃勃的精神面貌。

总的来说，汉代玉马的造型概括夸张，轮廓简约洗练，呈现出雄健古朴的体量感。这体现了汉代博大精深又天真稚拙、韵味无穷的时代风貌以及大气磅礴的审美追求。同时，汉代玉器在创作上多采用简洁而夸张的形象来表达整体的气势。例如上文提及的铺首衔环璧饰

（图 5-20）的造型简洁明快，构图采用不对称的布局方式，在兽首近方形的一侧透雕一直立状的螭虎，而另一侧则留白处理。这种不对称的布局方式反而达到了一种均衡的态势。汉代玉器一般采用粗轮廓的写实手法进行雕刻，并不注重局部变化和个别细节的刻画。它们几乎不需要任何背景衬托或细部描绘便能凸显出主题形象的特征。如铺首衔环璧饰全器的雕琢就运用了镂空、浅浮雕、阴线刻等多种技法，线纹流畅自然，精细入微。它既不强调对细节的精细刻画也不注重主观情感的抒发表达，而是突出展现高度夸张的形体美感和奇幻华丽、自由浪漫的审美特征。

2.自由灵动的线条纹饰

汉代玉器以其精美的纹饰和独特的艺术风格而著称。这些玉器的雕饰既准确简洁，又细腻生动，展现出一种灵动绚烂的美感。汉代玉工们具有丰富的想象力，他们巧妙地将各种自然元素进行组合和再造，仅使用几种常见的纹饰，便成功创造出一个理想化的艺术世界。这个世界充满了汉朝的豪迈气势，反映了当时国家的繁荣和自信。在汉代玉器中，玉螭龙、玉凤、玉螭虎以及云气纹等纹饰极为盛行。这些纹饰以龙飞凤舞、祥云缭绕的形态出现，具有极强的浪漫特征和鲜明的时代特色。它们被广泛应用于各种玉器之中，不仅增添了器物的艺术魅力，还反映了当时人们强烈的成仙愿望和祈求万事如意的美好心态。

　　玉工们根据玉器的不同造型，巧妙地搭配各种纹饰。这些纹饰的繁简程度恰到好处，既体现了装饰性，又展现了飞扬灵动的特点。在艺术水准上，汉代玉器无疑达到了浪漫化的巅峰状态。可以说，汉代玉器的艺术风格正是通过龙纹、螭纹、凤纹以及与云纹的综合运用而得以完美体现的。这些多变且极富想象力的纹饰组合布局手法，展现出了相当高的艺术水平，让后世艺术家们望尘莫及。在造型上，汉代玉器纹饰通常采用打散、变异的方法进行处理。通过龙纹、凤纹、螭纹的缠绕、交错和弯曲等手法，突破了几何骨架的束缚，使得纹饰能够随意游转并自由变幻。然而，在这种自由变幻之中，我们仍然可以感受到一种内在的规律和秩序。线条的承起转合疏密有序，舒展之中有节奏的起伏变化；涡旋之中则有贯穿始终的延伸感。这些都显示了汉代玉器飘逸、奇妙的纹饰风格。

　　在本书第四章提及的中山靖王刘胜墓出土的玉剑珌（图4-11）便是汉代玉器中的杰作之一。它采用了透雕、浮雕和线刻等多种技法，描绘出一群螭龙在云间游玩嬉戏的场景。整个造型奇巧别致，构图不拘一格，画面充满了生机和活力。另一件值得一提的玉器是熊纹玉剑首（5-24），它以神话为题材，生动地描绘了螭虎在镂空的卷云上曲体爬行。另外，两面还雕琢出猴子、尖嘴兽等七种不同的动物和谐共存景象。整个布局灵活多变，穿插处理巧妙自然，每个动物的形象都栩栩如生。

图 5-24　熊纹玉剑首陕西省西安市出土，引自《中国出土玉器全集·14》图版 174

　　两汉玉器最显著的特征在于其造型的大气磅礴与纹饰的灵动飘逸。这些玉器在形态、纹理和图案上鲜少呈现静止状态，反而透露出一种活泼自由的气息，令人感到轻松自在，毫无压抑之感。汉代艺术家们精妙地运用曲线来表达动感，即便是玉器上精细的阴刻线条，也显得自然流畅，充满生机与韵律。正如宗白华在《美学散步》中所言，"动"是宇宙的本质，只有动态的意象才能真正展现生命、精神和自然背后的神秘力量。动态是生命力的象征，只有活跃起来的事物才具有真正的活力。

以陕西西安出土的圆雕双舞玉人为例（图5-25），这是目前考古发现中体积最大的汉代舞玉人。这对并排而立的舞人，一大一小，巧妙地营造出透视感。他们的身姿纤细优雅，仿佛正在随风起舞；五官刻画细腻，清秀动人，面带微笑；头发精心盘起，身着华丽的服饰，长袖善舞，丝带飘飘。艺术家们精准地捕捉到了舞蹈的瞬间：一位舞者耸肩挥袖，另一位则双臂上下舞动，仿佛正在翩翩起舞。这种生动有趣的姿态充分展示了汉代玉雕技艺的精湛。

汉代玉雕技艺成熟，刀法简练而有力，能够巧妙地将现实与浪漫、艺术与思想、形式与内容融为一体。这使得汉代玉雕作品在气势上显得雄健的同时，又充满了生机与活力。作为一种雕塑艺术，汉代玉雕在形式上更加自由奔放，不再完全受制于春秋之前的礼制规范。无论是在器形还是纹饰上，汉代玉雕都展现出了自己独特的魅力，整体形象充满活力与灵气，具有鲜明而强烈的时代特色。

图 5-25 双联女立人,陕西省西安市出土,引自《收藏界》2011 年第 8 期, 第 29 页图 1

综上所述, 汉代玉器在艺术风格上强调整体把握和高度概括, 在造型和纹饰的雕琢工艺上体现了对称、打破平衡形成的对立统一美等原则, 富有平衡、和谐的美和韵律感、节奏感。形制在严格意义上的对称,局部意义上的重复形成了循环往复的节奏感和平衡稳重的视觉效果。造型和纹饰细节上的变化和流动不仅不失重心的稳定, 更突出了汉代玉器的生动活泼, 也凸显了玉器生活美的韵味。

第六章

汉代玉器的艺术内涵研究

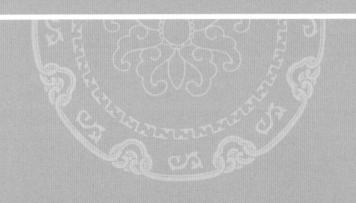

　　自新石器时代起，玉器雕琢便承载着宗教、丧葬、政治礼仪等多重功能，它不仅是社会上层阶级的艺术标准与审美倾向的体现，更是文化的载体与传承。到了春秋战国时期，社会在百家争鸣的思想激荡中不断前进，玉器也逐渐从神圣走向世俗，其种类、造型、纹饰与功能开始更多地反映现实生活与人们的实际需求。汉代玉器在继承春秋战国玉器审美发展的基础上，达到了一个新的高峰。特别是从西汉中期以后的纹饰题材来看，汉代玉器不仅刻画了生活中常见的动物形象，充满生活气息，瑞兽等题材也屡见不鲜。特别是在动物、舞人身上阴刻卷云纹或涡纹，浮雕螭虎在云雾缭绕中穿梭行进等独特造型和纹饰布局，不仅增添了玉器的艺术魅力，更深刻地反映了汉代人对宇宙的认知和丰富的文化内涵。

第一节　深沉广博的宇宙观

汉代人的精神风貌以积极进取、奋发向上为核心，同时他们的思维又极富想象力和浪漫主义色彩。在改造世界的物质生产活动中，面对那些个人意志难以触及的客观领域，汉代人借助想象力，再造了意识形态领域的宇宙和虚拟化的仙界，通过抽象、简化，用象征手法、以图形符号的形式表达了汉代人的神话世界。通过种种媒介，现实的人可以畅游于现实世界以及鬼神想象。

"器不仅是实用的，而且还要能体现天地万物之美的形式、形象。这样，制器的活动同时就带有美的创造的性质，器的功能与美不是不能相容的，而应当是彼此一致的。"[①] 器物制作的参考标准和规则源于人类视野内的大自然，器形和制作理念与人类认识自然、改造自然是分不开的。《周易》制器尚象观，"包含了中国古代的工艺美学或技术美学"[②]，与"器以载道"一承相连不可分割。

汉代玉器中丰富生动的动物题材，包括想象动物和真实动物。汉代想象动物，通过对真实动物局部的组合拼加形成形象奇特，可通灵、辟邪，具有神性的超自然

[①]　刘纲纪.周易·美学[M]. 武汉：武汉大学出版社，2006：276.

[②]　刘纲纪.周易·美学[M]. 武汉：武汉大学出版社，2006：275.

力的瑞兽，主要有肢体扭曲、穿梭于云雾的螭虎、矫健的龙、华美飘逸的凤、形态各异的"四灵"、凶猛的天禄、辟邪等；真实动物主要有憨态可掬的熊、肥壮的猪、温顺的牛羊、矫健的马、脱俗的蝉，等等。从代表身份地位的玉具剑饰、玉印，生活常用的玉带钩、玉卮、玉佩饰、贵族赏玩用玉，到丧葬用玉晗、玉握，无不饰以动物造型和纹饰，这一队伍庞大、种类繁多的"动物世界"，构成了汉代玉器题材的生力军，各自发挥其象征性作用。

　　"在与生态系统保持着和谐关系的中华民族这里，相对于人来说，动物与冥冥之中的神更为接近……从而，人们便利用动物雕塑作为与神沟通的媒介。"[①]汉代人在汉画像石、画像砖、玉器等广泛琢饰龙纹、凤纹，便于灵魂乘龙驾凤，沟通现世与仙境。汉玉具剑饰之琢螭虎、圆雕玩好之玉辟邪、天禄，以及汉魏六朝盛行的墓前放置大型灵兽石刻，更多是具有辟邪，象征其身份地位高贵的作用。"四灵"不仅雕琢在玉器上，也用于其他工艺品纹饰的雕琢，汉代观念中，"四灵"代表了四季与四个方位，青龙主东方，代表春季，白虎主西方，代表秋季，朱雀主南方，代表夏季，玄武指北方，代表冬季，具有了辟邪与祈福的神奇功能。在陕西省兴平市

---

① 　王可平.中国传统雕塑的审美特征[J].文艺研究，1989（2）：116—131.

汉武帝茂陵陵园出土的汉代最大的玉铺兽上，"四灵"与兽面纹巧妙结合，青龙位于右上方，朱雀位其下，左上为白虎，左下为玄武，根据汉代玉印的排字顺序，"四灵"的顺序恰为春、夏、秋、冬，意蕴深远。

汉代玉器中真实动物的题材也有着广泛的题材，涵盖了家畜如羊、牛、马、猪，以及自然界的昆虫鸟兽，如蝉、熊、猴、蛇、鹰等。这些动物形象不仅为艺术作品增添了生动与活力，更在深层次上承载着丰富的象征意义和文化内涵。特别是进入到汉代，猪被视为财富的象征。这一观念在当时的葬俗中得到了鲜明体现：人们相信，通过随葬玉猪，可以让死者在冥界继续享受富足的生活。因此，西汉中期至东汉时期，玉握这一随葬玉器，大量采用了玉猪的形象。同样作为葬玉重要组成部分的玉唅，则常琢以蝉的形状。汉代蝉形玉唅的流行与古人对蝉生理习性及其象征意义的理解密切相关。蝉，经过长时间的地下蛰伏后，终能破土而出、振翅高飞，这一生命过程被赋予了重生和永生的象征意义。因此，将蝉的形象用作玉唅，寄托了人们希望死者灵魂能够像蝉脱壳一样脱离肉身、达到永生的美好愿望。此类信仰也在其他艺术品中得到了体现，如一些玉璧和剑饰上琢饰的蛇形图案，就可能与蝉蜕蛇解、游于太清的观念有关。此外，陕西省咸阳市汉昭帝陵附近出土的一尊羽人奔马玉雕，也是汉代动物题材艺术品的杰出代表。这件作品中，羽人形象被塑造为方士模样，一手扶马、一手紧握仙草；而马则身躯剽悍、前腿高抬、尾巴上翘，腹部还阴刻了翅膀的图案。整个玉雕底座和玉柱上更是雕刻了勾连云纹的装饰图案。显然，这匹马是以现实中的马为原型进行了神化处理的天马形象；而整个作品则寓意着汉代人登临仙界的美好愿望和追求。

汉代人"重视天地的生成。天地的生成是人的经验之外的事，人无法观察到天地的生成过程，因此天地生成只能是理性思辨和天才想象的结果。汉代人宇宙生成论是一种气论的哲学。……在这种宇宙生成论学说的影响下，汉画像中常有'云气画'的图像和符号"。不仅是汉画像，在漆器、玉器纹饰图案中亦常常见到抽象的云气符号，玉器中常见阴刻、浅浮雕的云纹、勾连云纹、变形云纹，涡纹当是云纹的变体形式。云纹、涡纹的装饰手法，使玉器造型更加生动，纹饰流畅，充满了生命力。"汉代人认为，气为天地万物的本原，有'元气'才有万物……人的精神和人的灵魂，都是气的表现形式。"[1]云纹也代表了汉代人精神世界里对现实世界之外世界的想象和努力作为。在通灵瑞兽活动的周围，琢以简约的云纹，使沟通两个世界的活动笼罩了更加神秘

---

[1]　朱存明.汉画像宇宙象征主义图式及美学意义[J].文艺研究，2005(9)：60—67.

的气氛。

汉代人对于人、鬼、神三个世界的经营可谓尽心竭力，他们拥有丰富的幻想但并不空洞无物，积极投身于现实世界但并不市侩功利，追求奢华但并非浅薄轻浮。透过他们情感动机的展现和行为后果的影响，我们可以窥见一种非自觉的、超越性的意识，那就是对真善美的和谐追求——他们渴望万物和谐共存，秩序井然有序。

中国长期以来的自给自足自然经济，使得人与大自然之间建立了紧密的联系。人们依附自然、信赖自然，并从中获取生活所需，这种关系深刻体现在"人法地，地法天，天法道，道法自然"的哲学观念中，自然成为人们生存和发展的基石。这与"天人合一，万物并育"的文明理念不谋而合。

"中国人对于自然的形态有着深刻的观察力和敏锐的感受力，长期与自然密切地接触使他们深知自然的律动，悉晓自然的节奏。他们在身心与自然的有意无意的交融感应之中体察自然的习性，又将自己深刻敏锐地观察、感受表现在艺术中，力图使自己的创造物妙契自然的'真谛'，构成自然的新的组成部分。……不仅广泛采用自然材料，广泛表现自然物象，而且在形式的创造方面，也追求与自然环境、天然形貌的一致。"汉代玉雕以写意为主，通过抽象的概括与具象的刻画，雕琢出物象的神韵。如汉代动物玉雕，雕琢以琢刻轮廓为主，附饰局部的细阴线纹饰，形制简单，生动传神，熊的憨厚、猪的笨拙、蝉的生动，忽视了解剖的准确，适当的形体夸张与神韵的把握，形象栩栩如生。北京大葆台西汉墓出土玉舞人，采取片雕的方法勾画了舞女的舞蹈轮廓，通过对衣纹的描饰与裙摆的舞动，准确再现了汉代舞女的美妙的翘袖折腰舞姿。

　　玉器造型的和谐还体现在模仿自然规则，在结构和纹饰的对称、互让与呼应上。汉代玉器强调局部的变化与整体对称的动态效果，既维持了整体造型的平衡，又体现了造型的生动活泼。勾连云纹的造型充分体现了线条走向的避让，布局规整，虚实得当。玉具剑饰通常玉质和纹饰以及雕工保持一致，表现出剑饰彼此之间的呼应、整体的完善和设计的稳重。玉璧中同首异身兽面纹分为若干组，以跳动、重复的纹饰展示了玉器造型的律动美。学者认为，在审美活动中所形成的中国古代审美和谐观，强调了"审美主体主客体之间的相契相合的和谐关系"。[①]总之，通过效法自然，模仿自然，在汉代人的精神世界里，无论敬天事神，还是大兴厚葬之风，都表明其意向活动和认知活动的无意识形态的深层动力和依据——追求现实生活秩序的原始欲望。

---

①　王祖龙.中国古代审美和谐观耦合结构论[J].荆州师范学院学报·社科版，2002（3）：81—86.

第二节　积极进取的人生态度

在汉代人的艺术幻想中，存在着两个世界：人的世界和神的世界，它们通过人和神、动物和瑞兽的交织并列的艺术场景勾勒、演绎，保持着往来和复杂的关系。这一艺术世界作为人的本质的对象化和审美主题，反映着人对自然界征服的进程和力度，体现着汉代人外向的精神面貌和积极追求的处世态度。

首先表现在玉器雄壮的雕琢风格上。汉代玉器既不同于商周时期的庄严肃穆，也异于春秋战国时期的繁缛华美，它强调了大巧若拙，凝神寓意，挥洒自如，刚劲有力。它忽略了客观事物的比例，采用抽象与具象相结合，适度夸张的方法准确把握了神态与情绪。所以我们看到的玉雕动物，似乎是漫不经心的工匠顺手拈来的杰作，如此的朴素稚拙，如此的简洁，然而却意趣横生。从体肥彪悍的飞马身上我们感受到了力量和速度；从云雾中穿梭的螭虎能观察到飘忽不定的云和往来于天上人间瑞兽的矫健；载歌载舞的玉舞人则再现了宴会上舞女的裙裾飞扬、婀娜多姿；棱峰毕显，线条流畅的玉蝉一眼望去就可产生高贵洁净的联想；矮足、长筒、直口的玉杯造型质朴，敦实的外形也隐含了汉代文化的厚重。这种艺术的表现充满了生机与活力，蕴涵了雄浑的气势、强大的力量和宽广的胸怀。一条条流畅、挺拔、飘逸的卷云纹和象征团水漩涡的涡纹，雕出了大自然的生机盎然，使静态造型的玉器静中有动，充满了生气。

汉代人昂扬的心态与汉代社会状况有着密切的关系。西汉扫除六合迅速结束了秦末社会战乱的动荡局面，通过历次对北方少数民族的大规模出兵，解决了周边不稳定因素，建立了大一统的中央集权国家，逐渐实现了对疆域以内的有效治理，为经济的恢复发展、政权的安定、文化的交流繁荣奠定了良好的社会环境。疆域辽阔，经济富庶，社会稳定，在这样的生存环境中，汉代人形成了豪放、大气、自信、开朗的文化性格。在这一文化性格作用之下，汉代人积极营造现实世界，取得了文治武功、边疆拓土、文化经济发展的积高成就，热衷于生活的奢侈与享乐，用铺张的宴舞炫耀其成就的取得，这在玉舞人等佩饰、生活实用玉杯、玉卮上有所体现。

其次体现在驯服凶猛动物的玉器题材上。在凶猛的野兽面前，人是渺小的，速度与力量均远远不能与之匹敌，然而智慧战胜了一切。他们可以在豹颈挂上镶有海贝的项圈，系上环绳，把难以驯服的猛兽当作向自然进军的战利品，洋洋得意地炫耀，把弄赏玩；力大无比、身体肥硕的熊在与人的智力较量中，甘拜下风，成为王公贵妇取乐的宠物，被雕琢成行动笨拙、贪食懒惰、滑稽可笑的形象。

汉代人的追求不只停留在现实生活中，也指向了想象的世界，重生死，靡厚葬，大兴土木之风。"在政治、经济、法律等制度方面，汉承秦制"，"在意识形态的某些方面，又特别是在文学艺术领域，汉却依然保持了南楚故地的乡土本色。"[①]汉代继承了楚地的鬼神观念，龙、凤等想象动物占据了玉器题材的主体，司南佩、刚卯、严卯、玉翁仲等辟邪佩饰大为盛行，为了生命永恒的延续，汉代具备完整的丧葬用玉，玉衣及九窍塞可以保护尸体不朽，玉头套顶部的圆孔方便灵魂的自由出入，以玉蝉为唅寄意人的复活再生，以象征财富的玉猪为握表示希望死者死后能继续享受富足孝意。这一追求体现了汉代人乐观积极的生活态度，与汉代玉器的艺术基调相符。

汉代玉器题材的迷信、怪诞，基调和风格的奔放、博大、质朴、热情，使神的世界不再透着恫吓威吓的恐怖色彩，而是洋溢着生活的乐趣。"不是神对人的征服，毋宁是人对神的征服。神在这里还没有作为异己的对象和力量，毋宁是人的直接伸延。"[②]勇敢、积极、乐观、愉悦和昂扬的情态作用于对彼岸世界的追求，恰恰体现了汉代人的意气风发和朝气蓬勃。

---

① 李泽厚.美的历程[M].北京：中国社会科学出版社，1984：85.

② 李泽厚.美的历程[M].北京：中国社会科学出版社，1984：91.

"只有对世间生活怀有热情和肯定，并希望这种生活延续和保存，才有可能使其艺术对现实的一切怀有极大兴趣去描绘、去欣赏、去表现，使它们一无遗漏地、全面地、丰满地展示出来。汉代艺术中如此丰富众多的题材和对象，在后世就难以再看到。"[①]

第三节　艺术思想的渊源

审美意识产生于人类劳动生产的社会实践过程中。对于直接或间接参与社会实践者而言，活动在其生活环境和认知世界周围的是不同种类、不同性状、具有生命活力的各种自然存在物，随着长期的认知意识活动的深入，这些周围环境的种种因素被逐一剥离开来，成为人的知觉和心理意识对自然感悟过程中的提炼、加工的原型，认知主体的意象世界。意象对象的差异也就成为不同时期、不同地域文化群体审美特征差异的评价标准，也是推测意识范畴特征的凭借。

汉代的小农经济环境决定了其认知世界的范围和审

---

① 李泽厚.美的历程[M]. 北京：中国社会科学出版社，1984：96—97.

美对象：与文化群体活动密切相关的天、地、人、动物和植物，并把各元素融入艺术范畴加以抽象、概括、提炼、升华，体现了活动主体的理想、目的、情感和价值的综合。

现实的社会生存环境决定了人的世界观、人生观和价值观，对宇宙、人类社会认识态度的世界观和人生观对价值观的形成产生了重要的影响作用。汉代人征服世界的自信和丰富多彩的精神世界，主导了汉代玉器的审美风格。在继承了先秦理性精神和楚地浪漫主义的基础上，汉代形成了具有时代精神的审美观，贯之以淳朴、浪漫的主题。

一、社会安定与经济技术发展

这一审美观的形成，是继承先秦社会发展成就的结果。春秋战国时期社会激烈变革，物质领域有了重大进步，铁制工具使用普及，奠定了秦汉经济发展的坚实基础。所以到汉代，农业领域铁制农具的使用推动了农业经济的发展，在手工业领域，碾玉用的砣机采用了铁制的砣子，琢玉效率大为提高。物质生产的进步极大鼓舞了人们生产劳动的积极性，激发了他们认识世界和改造世界的自信心。

二、文化的传承与融合

在意识形态领域方面，特别是在文学艺术领域，汉代传承了楚地奇思异想的鬼神世界。"汉文化就是楚文化，楚汉不可分。"[①]无论是内容还是形式上，汉代借由楚文化承接了古代的巫术、宗教和情感的绚丽炽烈，体现在色彩瑰丽的漆器、汉画像石上诡异怪诞的神鬼传说。这种鬼神信仰与汉代宣扬的孝悌观念一并给绵延了几千年的玉文化的发展注入了新的动力，推动其向丧葬用玉、辟邪用玉的领域发展。

春秋战国时期的群雄并起，百家争鸣，在这一思想文化重大发展的元典时代，所形成的理性主义的走向，"一方面摆脱原始巫术宗教的种种观念传统，另一方面开始奠定汉民族的文化的心理结构。"[②]理性精神不仅反映在政治、伦理纲常方面，也融入日常生活、情感之中。所以，受楚地文化影响颇深的汉代，面对着纷扰的神的世界和死后的冥界不再被动地向鬼神示好和盲目地敬畏，而是积极主动地沉着应对，并设置了一套完整严密的入神交流的体系，显示了人的智慧与理智的优越。所以李泽厚先生说："在塑造中国人的世界观、人生观、文化心理结构和艺术理想、审美兴趣上，老庄和儒家起

---

①　李泽厚.美的历程[M].北京：中国社会科学出版社，1984：85.

②　李泽厚.美的历程[M].北京：中国社会科学出版社，1984：59.

了决定性的作用。"①

随着楚汉战争的结束，中国建立了以主要来自楚地的君臣为核心、以长安为都城的大一统的中央集权的多民族国家，在地域统一和民族融合的基础上，以儒、墨、法等六家为代表的诸子学说、以北方的"黄河文化"和南方的"长江文化""珠江文化"为代表的地域文化、以中原内地和周边民族为代表的民族文化，在这一历史时期，形成了在多元文化整合基础上兼容并蓄的汉文化。在海纳百川、有容乃大的民族精神支配下，"一方面是现实世界的世俗生活、伦理教化及其体现的各种形象，另一方面则是充满了幻想的神话世界及其体现的斑斓图景，二者并行不悖地混合在汉人的意识观念和艺术世界中。"②形成了多元复合的文化结构，其中士人与民间的关系和汉代审美意识有着密切的联系。

三、士人与民间的审美意识差异

士人是指"士、农、工、商"社会阶层中的"士"。作为传承知识文化阶层的主要群体，它既是各级政府官员的主要来源，又是社会舆论监督的主要部分，对在朝

---

① 李泽厚.美的历程[M].北京：中国社会科学出版社，1984：64.

② 周均平.秦汉审美文化生态论纲[J].山东师范大学学报·人文社科版，2006（6）：58—64.

官员有一种约束力。另一方面，士人又与民间有着千丝万缕的联系。士人赖以生存的经济基础则是建立在农民的田野耕作之上，而士人的"民族"与"道德"意识又促使其自觉或不自觉地充当了民族和人民大众利益的发言人与捍卫者。士人所具有的独特生产、生活与行为方式显示了士人文化意识占据了古代文化的主体。民间在自然经济条件主要是指农民。体力劳动者在一定的生产生活环境中产生了非自觉、非知识性、非理论化的，体现于日常生活之中的审美意识，流露于诸文化创作中。其特点是大众化、生活化、情感化的，表达了对生活的满足感或者想象式的满足感，是人类原始欲望和内心世界巨大能量无意识的爆发；其核心是现实的生活，主体是情感的表达，希望在情感的宣泄中得到满足，在思想的火花碰撞时得到共鸣和同情。因而这种意识色彩是鲜明的、强烈的、直观的、真实的，通过艺术韵味、造型委婉地表达出来。

士人与民间的审美意识结构在汉代已经有了重大变革。"事实上，由于汉代的大一统开创了一个'布衣君相'的新局面，古代贵族社会已告终结，代之而起的则是以士、农、工、商为主体的四民社会。这一新局面在文化上所表现的特殊形态便是大、小传统互相混杂，甚至两者之间已无从截然划清界限。"① 这里大传统是指士人阶层的文化，小传统属于一般劳动人民。

四、汉代玉器与审美意识的关系

综上所述，我们看到了汉代艺术领域是这样一个的现象：汉初皇帝推崇黄老之学，主张休养生息，清静无为，以广州南越王汉墓和湖南马王堆汉墓为代表的汉初墓葬陪葬依然奢华，数量惊人的玉器和富丽精美的漆器证实了汉代的重生死、盛厚葬、积极追求灵魂永生的生死观；汉武帝"罢黜百家，独尊儒术"，使儒家思想在汉代思想体系中占据了主导地位，而以死后灵魂不灭为主要目的的丧葬用玉、以避邪为主要功用的刚卯、严卯等，借用了儒家的等级观念来规定其形制；东汉时期谶纬思想在士人中间大为流行，神学意识蔓延于儒家学派，而在造型艺术领域，则洋溢着浓郁的生活气息，比如在继承西汉出廓玉璧造型的基础上，琢饰更加精美的文字，如"宜子孙""长乐"等吉祥用语，这显然是源于民间祈求通过积极作为从而恩荫子嗣的思想；从墓葬形制及出土文物上看，玉器、漆器等主要出土于汉代大中型贵族墓葬，其艺术风格代表了汉代中上阶层的审美意识"大传统"，而汉画像、陶俑频频见于汉中下型墓

---

① 余英时.士与中国文化[M].上海：上海人民出版社，1987：137.

葬中，体现了民间审美意识"小传"，从艺术风格上看，无论题材还是造型特征，都具有相似处，在体现汉代的积极追求、热情奔放等心理特征上，它们发挥了异曲同工的作用。

因此，汉代玉器不仅是自然界的浓缩，更是汉代社会的折射。透过玉器的造型及样貌，不难发现在中国玉文化发展史上处于蓬勃发展期的汉代玉器，其实是汉代社会的一个缩影。这是一个五彩缤纷的物质世界，将芸芸众生内心深处对生与死的关注表征出来。

第七章

结　语

本书结合历史文献和考古发掘资料，用艺术考古的研究方法，借鉴陶器、漆器、汉画像石等诸多研究成果，从美学的角度认识汉代玉文化发展态势和艺术造诣。通过与其他门类研究成果的对比，研究发现，汉代玉器与漆器、汉画像石等在艺术风格上基本是一致的，这表明汉代社会在精神文化空间里保持了一致的审美倾向，淳朴、浪漫是整个汉代社会审美观的基调。汉代玉器在艺术风格上强调整体效果的把握，高度概括与细节修饰相结合，虚实宜障、动静咸宜，体现了对称美、平衡美、和谐美以及打破平衡形成的对立统一美等原则。工艺题材上采用几何形、人物形和动物形状的造型和纹饰，线刻、浮雕、镂雕、透雕、圆雕碾琢手法结合运用，以抽象写意的手法勾勒出器物的意境和物我两世界的精神风貌，体现了玉器的和谐美，以及平衡、韵律、神韵、气势和力量的美。

透过玉器工艺的审美外延，汉代玉器艺术所表达的文化内涵主要体现在以下三个方面：

第一，天人合一的思想。大自然的阴阳和谐、万物循环发展是人类生存的根基所在，人的愿望只有在自然万物的和谐发展中才能实现。在多元文化融合形成大一统文化意识的影响下，在艺术审美情趣表现在人与自然的和谐、协调、循环和互相依赖的意识。

第二，实用和艺术的统一。汉代玉雕艺术与生活的融合不仅体现在生活用具方面，也体现在现实生活的延续——冥界的生活范畴。所以汉代的明器或是现实的生活用品，或是其仿制品，突出了方便生活、以实用为主题，充满了生活气息。日常生活用品以造型淳朴、质朴，附饰巧妙著称，既美观又实用，满足了实用和精神的需求，表达了对现实生活的期待和死后继享奢华的祈望。

第三，象与意、抽象与具象融为一体。朱志荣先生认为，中国古代"观物而取象，立象以尽意"的审美传统在新石器时代就已经形成，一直延续了数千年，产生了深远影响。汉代也不例外，受生活及自然规律的启发，把对外界的认识、模仿转换为艺术的表象，通过对物体抽象或具象的艺术加工，融入了时代的精神和情趣、个人的情感。

中国古代这一审美传统决定了艺术加工的手法，以具象描写为主、抽象与具象相结合，"以抽象形式象征、以具象形态传神"。通过飞扬的线条、流畅的雕工技法、古拙的造型特征，汉代玉器所反映的气势浩大、豪放雄健、古拙质朴、浪漫飘逸的艺术感染力给人以强烈的视觉冲击。

至此，本书对汉代玉器的文化、形制、艺术风格、文化内涵作了概括性的论述，是对前人汉代玉文化研究成果的补充和延伸，也存在着一定的缺陷和研究盲点，有待对汉代玉器的进一步挖掘，多角度、全方位地审视汉代博大精深的文化内涵，进而形成对汉代玉文化的全面认识。

参考文献

一、专著

[1]　[汉]司马迁.史记[M].北京：中华书局，1959.

[2]　[汉]叔孙通撰，孙星衍校集.汉礼器制度[M].北京：商务印书馆，1960.

[3]　[汉]班固.汉书[M].北京：中华书局，1962.

[4]　阎国忠.古希腊罗马美学[M].北京：北京大学出版社，1963.

[5]　[宋]范晔.后汉书[M].北京：中华书局，1965.

[6]　[梁]萧统编，[唐]李善注.文选[M].北京：中华书局，1977.

[7]　黑格尔.美学[M].北京：商务印书馆，1979.

[8]　王明.抱朴子内篇校释[M].北京：中华书局，1980.

[9]　王朝闻.美学概论[M].北京：人民出版社，1981.

[10]　施昌东.汉代美学思想述评[M].北京：中华书局，1981.

[11]　那志良.玉器辞典[M].台湾：雯雯出版社.1982.

[12] 中国美术编辑委员会.中国美术全集·玉器[M].北京：文物出版社.1983.

[13] 陆建芳.中国玉器通史[M].深圳：海天出版社，1984.

[14] [明]高濂.燕闲清赏笺[M].成都：巴蜀书社，1985.

[15] 田自秉.中国工艺美术史[M].上海：东方出版中心，1985.

[16] 林剑鸣，余华青等.秦汉社会文明[M].西安：西北大学出版社，1985.

[17] [汉]刘向撰，赵善诒疏证.说苑疏证[M].上海：华东师范大学出版社，1985.

[18] 韩养民.秦汉文化史初论[M].昆明：云南社会科学出版社，1986.

[19] 张光直.美术神话与祭祀[M].沈阳：辽宁教育出版社，1988.

[20] [汉]刘安.淮南子[M].上海：上海古籍出版社，1989.

[21] 傅忠谟.古玉精英[M].台北：中华书局，1990.

[22] 孙机.汉代物质文化资料图说[M].北京：文物出版社，1990.

[23] 张广闻.玉器史话[M].北京：紫禁城出版社，1991.

[24] 高大伦.中国文物鉴赏辞典[M].桂林：漓江出版社，1991.

[25] 翟兑之.汉代风俗制度史[M].上海：上海文艺出版社，

1991.

[26] 王朝闻.雕塑雕塑[M].沈阳：东北师范大学出版社，
1992.

[27] 殷志强.古玉至美[M].台湾：艺术图书公司，1993.

[28] 杨伯达.中国玉器全集[M].石家庄：河北美术出版社，
1993.

[29] 中国文物精华编辑委员会.中国文物精华·1993[M].北
京：文物出版社.1993.

[30] 杨伯达.古玉史论[M].北京：紫禁城出版社，1998.

[31] 蒲震元.中国艺术意境论[M].北京：北京大学出版社，
1999.

[32] 李泽厚、刘纲纪.中国美学史[M].合肥：安徽文艺出版
社，1999.

[33] 徐飚.成器之道：先秦工艺造物思想研究[M].南京：南京
师范大学出版社，1999.

[34] 张明华.玉龙[M].上海：上海人民出版社，2000.

[35] 胡家祥.审美学[M].北京：北京大学出版社，2000.

[36] 杨树达.汉代婚丧礼俗考[M].上海：上海古籍出版社，
2000.

[37] 仪平策.中国审美文化史·秦汉魏晋南北朝卷[M].济南：
山东画报出版社，2000.

[38] [汉]许慎.说文解字[M].南京：江苏古籍出版社，2001.

[39] 臧振、潘守永.中国古玉文化[M].北京：中国书店，
2001.

[40] 李泽厚.美学四讲[M].天津：天津社会科学院出版社，
2001.

[41] 尚秉和.历代社会风俗事物考[M].北京：中国书店，
2001.

[42] 朱志荣.商代审美意识[M].北京：人民出版社，2002.

[43] 李霖灿.中国美术史稿[M].昆明：云南人民出版社，
2002.

[44] 尤仁德.古代玉器通论[M].北京：紫禁城出版社，2002.

[45] 李泽厚.华夏美学[M].天津：天津社会科学院出版社，
2002.

[46] 杨伯达.中国玉文化玉学论丛[M].北京：紫禁城出版社，
2002.

[47] 郑绍宗.满城汉墓[M].北京：文物出版社，2003.

[48] 方泽.中国玉器[M].天津：百花文艺出版社，2003.

[49] 徐华.两汉艺术精神嬗变论[M].学林出版社，2003.

[50] 李福顺.中国美术史[M].北京：高等教育出版社，2003.

[51] 韩鹏杰、李红、李娟.华夏艺术历程[M].西安：西安交通
大学出版社，2003.

[52] 姚士奇.中国玉文化[M].南京：江苏古籍出版社，2004.

[53] 张晓凌.中国原始艺术精神[M].重庆：重庆出版社，

2004.

[54] 张明华.中国古玉发现与研究100年[M].上海：上海书店
出版社，2004.

[55] 徐梦梅.古玉新经[M].上海：上海三联书店，2005.

[56] 古方.中国出土玉器全集[M].北京：科学出版社，2005.

[57] 颜娟英.美术与考古[M].北京：中国大百科全书出版社，
2005.

[58] 张明华.古代玉器[M].北京：文物出版社，2006.

[59] 黄侃批校.黄侃手批白文十三经[M].中华书局，2006.

[60] 刘纲纪.＜周易＞美学[M].武汉：武汉大学出版社，
2006.

[61] 刘纲纪.传统文化、哲学与美学[M].武汉：武汉大学出版
社，2006.

[62] 杨建芳师生古玉研究会.玉文化论丛1[M].北京：文物出
版社，2006.

[63] 李泽厚、周均平.秦汉审美文化宏观研究[M].北京：人民
出版社，2007.

二、期刊

[1] 那志良.刚卯[J].大陆杂志，1955(11).

[2] 周南泉.中山国的玉器[J].故宫博物院院刊，1979(2).

[3] 张培善.河北满城汉墓玉衣等的矿物研究[J].考古，
     1981(1).

[4] 夏鼐.汉代的玉器——汉代玉器中传统的延续和变化[J].
     考古学报，1983(2).

[5] 夏鼐.商代玉器的分类、定名和用途[J].考古，1983(5).

[6] 卢兆荫.试论两汉的玉衣[J].考古，1981(1).

[7] 马承源.从刚卯到玉琮的探索[J].辽海文物学刊，1989(1).

[8] 闻广.中国古玉的考古地质学研究[A].国际交流地质学术
     论文集——为27届国际地质大会撰写[C].1985（6）.

[9] 郑绍宗.汉代玉匣葬服的使用及其演变[J].河北学刊，
     1985(6).

[10] 朱捷元.茂陵发现的西汉四神纹玉铺首[J].考古与文物，
      1986(3).

[11] 高至喜.谈谈剑饰名称问题[J].考古与文物，1986(5).

[12] 杨伯达.中国古玉研究刍议五题[J].文物，1986(9).

[13] 尤仁德.战国汉代玉雕螭纹的造型与纹饰研究[J].文物，
      1986(9).

[14] 曲石.关于我国古代玉器材料问题[J].文物，1987(4).

[15] 徐纯.写实与幻想并存的两汉时代[J].故宫文物月刊，
      1987(5、6、7).

[16] 周南泉.中国古玉料定义和产地考[J].文博，1988(1).

[17] 杨伯达.中国古代玉器面面观[J].故宫博物院院刊，

1989(1).

[18] 王可平.中国传统雕塑的审美特征[J].文艺研究，1989(2).

[19] 杨建芳.玉牒及牒形玉饰——一种玉器演变的考察[J].中国文物世界，1989(7).

[20] 卢兆荫.再论两汉的玉衣[J].文物，1989(10).

[21] 闻广.中国古玉的研究[J].建材地质，1990(2).

[22] 闻广.中国古玉考古地质学再研究[A].第3届(1984)国际中国科技史讨论会论文集[J].1990.

[23] 吴凡.商至汉玉器纹饰的演变[J].故宫文物月刊，1990(11).

[24] 闻广.中国古玉研究的新进展[J].中国宝玉石，1991(4).

[25] 尤仁德.汉代玉佩刚卯严卯考论[J].人文杂志，1991(6).

[26] 王正书.汉代刚卯真伪考述[J].文物，1991(11).

[27] 闻广.中国古玉地质考古学研究——西汉南越王墓玉器[J].考古，1991(11).

[28] 麦英豪.汉玉大观——象岗南越王墓出土玉器概述[A].南越王墓玉器[C].广州：广州西汉南越王墓博物馆等，1991.

[29] 黄展岳.丝缕玉衣和组玉佩[A].南越王墓玉器[C].香港：广州南越王墓博物馆·香港中文大学·求知雅集·两木出版社，1991.

[30] 邓淑苹.山川精英——玉器的艺术[A].中国文化新论·艺

术篇·美感与造形[C].上海：三联书店，1992.

[31] 常素霞.试论玉器中的蟠螭纹[J].文物春秋，1992(2).

[32] 戴不俭.玉器时代献疑与美感探源[J].东南文化，1992(2).

[33] 王春云.玉石的含义，命名与分类研究[J].珠宝科技，1992(2).

[34] 卢兆荫.翘袖折腰玉舞人：汉玉漫谈[J].文物天地，1992(5).

[35] 陈绍棣.秦汉社会生活器具文化概说[J].东南文化，1992(5).

[36] 黄展岳.组玉佩考略[J].故宫文物月刊，1992(4).

[37] 李银德.徐州出土两汉玉面罩的复原研究[J].文物，1993(4).

[38] 卢兆荫.瑰丽多姿玉剑饰——汉玉漫谈[J].文物天地，1993(5).

[39] 闻广.辨玉[J].文物，1992(7).

[40] 卢兆荫.略论汉代的玉璧[A].中国考古学论丛[C].北京：科学出版社，1993.

[41] 尤振尧.江苏汉代诸侯国的考古发现及其历史价值[A].南京博物院建院60周年纪念文[C].1993.

[42] 刘风君.中国古代玉器审美浅论[J].中国文物世界，1994(1)：101.

[43] 常素霞，张慧.记定州中山简王刘焉墓出土的几件玉器

[J].台湾故宫博物院院刊，1994(1).

[44] 王春云.中国古代对玉的朴素的科学的认识[J].珠宝科技，1994(3).

[45] 陈江风.汉画像中的玉璧与丧葬观念[J].中原文物，1994(4).

[46] 闻广.高邮神居山二号汉墓玉器地质考古学研究[J].文物，1994(5).

[47] 闻广.用玉的等级制度[J].故宫文物月刊，1994(8).

[48] 卢兆荫.玉觿与牒形玉佩[J].文物天地，1995(1).

[49] 杨伯达.论中国古代玉器艺术[J].故宫博物院院刊，1995(1)

[50] 吴杏全.满城汉墓出土动物纹装饰艺术初探[J].文物春秋，1995(3).

[51] 常素霞.试论中国玉器的发展与审美特征[J].文物春秋，1995(3).

[52] 古方.关于南越王墓玉器的几个问题[A].汉唐及边疆考古论文集[C].北京：科学出版社，1995.

[53] 李星.浅谈玉带跨的造型及纹饰的演变[J].文物春秋，1996(1).

[54] 宋彦丽.中国古代玉器中的佩蝉玲蝉与冠蝉[J].文物春秋，1996(1).

[55] 龚良，孟强，耿建军.徐州地区的汉代玉衣及相关问题

[J].东南文化，1996(1).

[56] 周南泉.玉璜综论：古玉研究之六[J].故宫博物院院刊，1996(3).

[57] 李晶寰.马王堆一号汉墓漆器的装饰艺术及其文化内涵[J].考古与文物，1996(3).

[58] 卢兆荫.玉德·玉符·汉玉风格[J].文物，1996(4).

[59] 孙庆伟.两周"佩玉"考[J].文物，1996(9).

[60] 尤仁德.装饰玉和艺术起源[J].故宫文物月刊，1996(9).

[61] 汪桂海.汉印制度杂考[J].历史研究，1997(3).

[62] 陈健.古代玉器的装饰纹样[J].南方文物，1997(4).

[63] 詹德隆.汉魏至唐宋时期的玉礼器初探[J].文博，1997(4).

[64] 詹德隆.汉魏至唐宋时期的玉礼器初探(续)[J].文博，1997(5).

[65] 潘守永，雷虹霁.玉器何以有德[J].华夏文化，1998(1).

[66] 卢兆荫.南越王墓玉器与满城汉墓玉器比较研究[J].考古文物，1998(1).

[67] 俞伟超.五千年中国艺术的文化基础[J].文物，1998(2).

[68] 林兰英.试析周代的葬玉对汉代玉衣的影响[J].东南文化，1998(2).

[69] 卢兆荫.略论汉代礼仪用玉的继续与发展[J].文物，1998(3).

[70] 成然.试论玉在中国传统文化中的审美品位[J].六盘水师

专学报(社科)，1998(3).

[71] 王永波、刘小燕.汉代王侯的陵寝用枕[J].东南文化，1998(4).

[72] 陈诗红.关于汉画像石产生背景与艺术功能的思考[J].考古，1998(11).

[73] 卢兆荫.略论汉代丧葬用玉的发展与演变[A].东亚玉器二[C].香港：香港中文大学中国考古艺术研究中心，1998.

[74] 李宏.玉佩组合源流考[J].中原文物，1999(1).

[75] 秦造垣.大玉璧[J].考古与文物，1999(2).

[76] 黄展岳.丧葬用璧小议[J].文物天地，1999(2).

[77] 杨泓.谈中国汉唐之间葬俗的演变[J].文物，1999(10).

[78] 孙征.论从原始社会至春秋战国时期的造型艺术[J].南开学报·哲学社会科学版，2000(5).

[79] 杨伯达.关于玉学的理论框架及其观点的探讨[J].中原文物，2001(4).

[80] 苏岩.大袖婆娑舞汉天——从考古出土实物谈汉代长袖舞[J].中原文物，2001(4).

[81] 黄凤春.试论包山2号楚墓饰棺连璧制度[J].考古，2001(11).

[82] 王香风.浅谈中国玉文化及内涵[J].文物世界，2002(2).

[83] 杨建芳.规律性认识与古玉辨伪[J].文物，2003(3).

[84] 王祖龙.中国古代审美和谐观耦合结构论[J].荆州师范学

院学报·社科版，2002(3).

[85] 蒋廷瑜.汉代錾刻花纹铜器研究[J].考古学报，2002(3).

[86] 商春芳.四川汉代雕塑艺术及其所反映的社会现实[J].太原大学学报，2002(12).

[87] 郑同修，杨爱国.山东汉代墓葬出土陶器的初步研究[J].考古学报，2003(3).

[88] 倪建林.汉代玉器艺术——中国古代玉器艺术鉴赏[J].中国美术教育，2003(4).

[89] 古方.论西汉中期玉器风格的变化及其社会背景[J].中原文物，2003(5).

[90] 石荣传.两汉诸侯王墓出土葬玉及葬玉制度初探[J].中原文物，2003(5).

[91] 费孝通.中国古代玉器与中华民族多元一体格局[J].思想战线，2003(6).

[92] 张容劲.汉代古玉纹饰的演变及其影响[J].东南文化，2003(7).

[93] 王正书."司南佩"考实[J].文物，2003(10).

[94] 石荣传.从两汉诸侯王墓出土玉器看汉玉艺术风格[J].文物春秋，2004(1).

[95] 吕建昌.论历史上的食玉之风[J].学术月刊.2004(2).

[96] 卢兆荫.论玉文化在汉代的延续和发展[J].中国历史文物，2004(3).

[97] 刘建明.浅议玉佩文化的人文内涵[J].江西科技师范学院学报,2004(6):3.

[98] 李勇.浅析中国古代玉器的审美文化内涵[J].齐鲁艺苑,2005(2).

[99] 古方.曹魏王粲所创玉佩样式及佩法[J].中国历史文物,2005(3).

[100] 杨伯达.中国史前玉文化板块论[J].故宫博物院院刊,2005(4).

[101] 孙照星.南阳汉代雕塑天禄、辟邪的艺术风格[J].中原文物,2005(4).

[102] 朱存明.汉画像宇宙象征主义图式及美学意义[J].文艺研究,2005(9).

[103] 郑建明,何元庆.中国古代的玉蝉[J].江汉考古,2006(1).

[104] 吴小平.从礼器到日常用器——论两汉时期青铜容器的变化[J].厦门大学学报(哲学社会科学版),2006(3).

[105] 邓茂兰.浅谈古代玉器的装饰手法和艺术风格[J].科教文汇,2006(4).

[106] 周均平.秦汉审美文化生态论纲[J].山东师范大学学报·人文社科版,2006(6).

[107] 巫鸿."明器"的理论和实践——战国时期礼仪美术中的观念化倾向[J].文物,2006(6).

[108] 王仁湘.琮璧名实臆测[J].文物,2006(8).

[109] 朱单群.浅议汉代玉器纹饰的发展演变[J].南通航运职业技术学院学报，2006(9).

[110] 朱志荣，王永梅.西周玉器的审美特征[J].华北水利水电学院学报(社科版)，2007(8).

[111] 邓淑萍.汉代的玉佩[J].故宫文物月刊，2015（14）.

[112] 劳棘.佩玉与刚卯[J].历史语言研究所集刊，第27本.

三、报纸杂志

[1]　常任侠.汉代美术的物质遗存分布地域与当时的社会关系[N].光明日报，1951-03-31.

[2]　吴桂兵.汉代葬玉研究述评[N].中国文物报，1999-12-8.

[3]　王政.历史文物的美学研究[N].光明日报，2001-04-24.

四、学位论文

[1]　石荣传.三代至两汉玉器分期及用玉制度研究[D].济南：山东大学，2005.

[2]　龚英.玉雕中的审美情趣[D].南昌：江西师范大学美术学院，2005，5.

[3]　王斌.西汉陶俑艺术研究[D].西安：西安美术学院，2006，4.

[4] 王闻.汉代神话传说题材的装饰艺术研究[D].苏州：苏州大学，2006，4.

[5] 余一兵.试论我国古代的丧葬玉[D].北京：中央民族大学，2006，5.

[6] 陈仲梅.楚汉漆器艺术设计的功能性与审美性研究[D].长沙：湖南师范大学，2007，3.

[7] 张磊.中国明器雕塑审美特征论[D].济南：山东大学，2007，4.

[8] 马颖.汉代玉器审美形式与风格研究[D].西安，西北大学，2018.